TINTA DA CHINA
brasil

PEDRO MEXIA

QUERIA MAIS É QUE CHOVESSE

RIO DE JANEIRO:
TINTA-DA-CHINA
MMXV

Edição apoiada pela Direção-Geral do Livro e das Bibliotecas / Secretaria de Estado da Cultura — Portugal.

GOVERNO DE PORTUGAL | SECRETÁRIO DE ESTADO DA CULTURA

DGLB DIRECÇÃO-GERAL DO LIVRO E DAS BIBLIOTECAS

As crônicas deste livro
foram originalmente publicadas
nos jornais *Diário de Notícias*, *Público* e *Expresso*
entre 2003 e 2014.

1.ª edição: junho de 2015

Edição: Tinta-da-china Brasil
Capa e projeto gráfico: Tinta-da-china Brasil

M611q Mexia, Pedro, 1972-
Queria mais é que chovesse / Pedro Mexia – 1.ed. –
Rio de Janeiro: Tinta-da-china Brasil, 2015.
192 pp.; 21 cm

ISBN 978-85-65500-14-2

1. Literatura portuguesa – Crônicas.
2. Crônicas portuguesas. I. Título.

CDD P869
CDU 821.134.3

Tinta-da-china Brasil
R. Júlio de Castilhos 55, Cobertura 01
Copacabana RJ 22081-020
Tel. 0055 21 8160 33 77 | 00351 21 726 90 28
Fax 00351 21 726 90 30
info@tintadachina.pt
www.tintadachina.pt

SUMÁRIO

PRIMEIRA PESSOA

Nenhuma pessoa é tão contestada como a primeira pessoa. Sempre que alguém escreve na primeira pessoa surge logo gente perplexa ou incomodada, protestando que a existência alheia não interessa minimamente e que as particularidades intransmissíveis de sicrano não lhe dizem respeito. Que é incrível como se gasta papel em vão.

Entendo que nalguns textos de imprensa (uma notícia, mesmo uma crítica) a primeira pessoa é desaconselhável, desajustada, desnecessária. Mas certos géneros, como a crónica, são por definição géneros da primeira pessoa. Contam experiências, emoções, gostos, episódios. A crónica é fascinante precisamente porque é pessoal. É essa a razão que explica que os brasileiros sejam tão bons cronistas: os nossos camaradas atlânticos têm uma forma directa, divertida e descomplexada de conversar por escrito, com ritmo, leveza e graça. Nos melhores cronistas brasileiros (como Nelson Rodrigues) existe sempre um jogo instável entre o assunto, a subjectividade e a simples mestria verbal.

Mas em que medida é que a primeira pessoa pode ser incomodativa? Com a possível excepção da regularidade intestinal, não concebo nenhum assunto demasiado pessoal ou demasiado insignificante. Mesmo porque tudo o que é pessoal é de algum modo universal. Apenas passa por diferentes binóculos. Imaginem um conto sobre um sapateiro da Pomerânia que tem um irmão gémeo. Não é por não sermos sapateiros, não termos gémeos e não vivermos na Pomerânia que o conto nos é necessariamente estranho. Se um texto descreve a profissão de sapateiro, certamente reconhecemos traços da nossa própria actividade. Embora nem todos tenhamos irmãos e irmãos gémeos, todos temos laços familiares. E todos vivemos nalgum sítio, mesmo que não seja na Pomerânia. Assim, o conto é sobre todos nós. E quem diz um conto diz um texto não ficcional (se é que isso existe).

Do ponto de vista do estilo, a primeira pessoa tem grandes vantagens sobre as outras: é mais próxima, menos pomposa, mais desenvolta. Mas, no aspecto da interpretação, suscita um risco e uma ilusão. A primeira pessoa parece sempre corresponder à deslavada pessoa civil que assina o texto. Ora isso é um erro clamoroso. Um texto é uma ficção. E ninguém se parece com um texto. O texto imagina, altera, adequa. E a primeira pessoa do texto é uma pessoa traduzida em predicados, advérbios e sintaxe. Ao passo que nós somos apenas um tropeção e uma gaguez, não um alinhamento de frases pontuadas, revistas e passadas pelo corrector ortográfico. Percebo que certos autores e muitos leitores recusem a primeira pessoa por causa de um certo pudor (digamos assim). Mas esse pudor é equívoco. Afinal, todos os substantivos de um texto são diferentes das coisas concretas. E todos os verbos do texto são acções diferentes das acções quotidianas. Por isso, a primeira pessoa é uma pessoa fictícia, e não uma forma de exibicionismo. Como todas as formas de escrita, a escrita na primeira pessoa é uma estratégia. Uma estratégia consciente que provoca determinados efeitos, convoca uma memória, instaura certa expectativa. Mas não é, como alguns pensam, um egocentrismo galopante. É perfeitamente possível ser mais egocêntrico na terceira pessoa do que na primeira.

Recentemente, um vizinho meu veio ter comigo no café para me parabenizar por estas crónicas. Porém, quase baixando a voz, acrescentou um pedido: "não escreva tanto sobre si mesmo". Sei que o meu vizinho, que tem idade para ser meu avô, fez esse reparo com recta intenção. O meu vizinho acha certamente que uma impessoalidade clássica torna a prosa mais elegante. E que os aspectos de "confessionalidade" e "exposição" são perigosos e questionáveis. Era portanto uma admoestação cheia de cuidado e simpatia. Por isso ouvi e agradeci o comentário do meu distinto vizinho. Mas não lhe cheguei a responder isto: eu não escrevo sobre mim. Às vezes, é certo, escrevo sobre a minha Pomerânia. Mas a Pomerânia tem muitas moradas. E o mesmo se diga sobre gémeos e sapateiros.

Algumas dessas crónicas sobre mim não são de facto sobre mim. Se fossem, certamente não interessavam a ninguém (sobretudo não me interessavam a mim). Essas crónicas são também, assim o espero, sobre si, leitor. Meu atento leitor, meu semelhante, meu irmão.

TAXI DRIVERS

Depois dos livros, poucas são as coisas que me escoam o porta-moedas como os táxis. Posso por isso dizer que conheço bem os taxistas. Rara é a semana em que não entro para o banco de trás de uma profusão de "profissionais do volante", designação um pouco pífia que aqui repito com fins puramente facetos. Não sendo eu muito de faladuras, certas corridas são mudas como filmes de Buster Keaton; mas mesmo nessas fico atento aos sinais exteriores que são tantas vezes interiores: as Nossas Senhoras pendentes, o *Et pluribus unum* que viu melhores dias, as carteiras profissionais com fotos manhosas e por barbear, o jornal desportivo, o vaporizador ambiente, os encostos com bolinhas, as mitenes, os *ray bans* com adesivo, os autocolantes cívicos, o telemóvel intrusivo, mas também a roupa do corpo, os gestos, os monólogos e o vernáculo. Andar de táxi sem nenhuma conversa, mas reparando nos taxistas, pode ser pouco simpático para a classe, visto que os sinais exteriores de um taxista são, em geral, aqueles que levam alguns cidadãos a partir definitivamente para o exterior. Numa palavra: a grunhice abunda. Mas isso também no Parlamento.

Quando um de nós se sente comunicativo (no meu caso, é sempre o taxista), surge um mundo de nuances e curiosidades. Muitos taxistas fariam o Travis Bickle de Scorsese parecer um bom partido a mães com filhas casadoiras. E percebe-se porquê: os taxistas, como se queixava De Niro em *Taxi Driver,* contactam com o lixo da vida urbana. Com o lixo no sentido próprio e dejectual, mas também com os horrores do trânsito, dos buracos, dos condutores inanes. E com o que muitos impacientemente consideram o lixo, como Travis Bickle: os "ladrões", os "ciganos" e os "pretos". Não conheço ninguém mais obcecado com "os pretos" do que os taxistas (pelo menos os de Lisboa). Nunca fiz as contas, mas estou em crer que nove décimos dos comentários racistas que ouvi foram ditos por taxistas. Sempre que um taxista me conta que foi ameaçado com uma faca e roubado dos proventos da jornada, existe "um preto" envolvido. É verdade que também não gostam muito de ucranianos ou de moldavos, e embirram bastante com brasileiros, mas "o preto" é a grande tara dos taxistas da minha cidade. Faço figas para que não tenham todos trazido granadas da Guiné.

Recentemente, taxistas do aeroporto de Lisboa foram caçados a chular estrangeiros. Nada que não conhecêssemos. Poucos são aqueles que não têm más experiências em táxis portugueses, sobretudo quando lhes calha gente que manifestamente não gosta do que faz e nos trata de acordo com essa contrariedade. Uma vez meti-me num táxi e indiquei o destino, tendo levado com um "sei lá onde fica essa merda". Outra vez um taxista corpulento contou-me que um miúdo sem carta lhe tinha riscado o carro, mas que o assunto se resolvera com "uma barra de ferro" (decidi não mexer um músculo). E a amiga de um condutor mais casca grossa arremessou, por cima do ombro, a gorjeta que achou insuficiente. Para além de serem as mais reaccionárias das criaturas, os taxistas conseguem ser também as mais intratáveis.

Sei que digo "os taxistas" mas que devo corrigir. Porque também tenho encontrado taxistas tão excelentes como quaisquer outros humanos. Gente honrada, trabalhadora, afável. Um que me levou a um centro comercial e me perguntou como eram, porque nunca tinha ido a nenhum. Outro que me confessou ser um modestíssimo mas apaixonado coleccionador de arte. Outro que me contava como a distância, em África, favorecia a amizade. Outro que me queria docemente converter a Cristo mesmo depois de perceber que eu estava convertido. Outro que me divertiu com ordinarices numa noite triste. Outro que me revelou ter notas e notas para um livro em que "contava tudo". Outro que queria ser "justo" a cada comentário sobre figuras públicas, pedindo-me que não julgasse que julgava os outros. Outro que, no fim da viagem, quis continuar a conversa e parou em piscas, desfiando as recordações da sua vida falhada. E outro ainda, todos os outros, que me desejaram "boa sorte", "que tenha sorte", "que a sorte o acompanhe". E estes justos, para mim, apagam completamente os pecadores.

CONTRA A PASSAGEM DE ANO

Este ano, a minha passagem de ano será no sítio do costume: debaixo da cama. As datas são meras convenções sem importância; mas a passagem de ano está imbuída de um espírito insuportável, ao pé do qual todos os ribombantes exageros natalícios são apenas uma vaguíssima maçada. O fim do ano consegue juntar tudo o que de pavoroso têm as almas festivas e optimistas, da alegria oficial às desmesuradas esperanças no futuro, passando por uma espécie de viagem ao passado em holograma. Confesso: os outros 364 dias do ano eu tolero, mas o 31 de Dezembro é puro horror.

Descobri, há meia dúzia de anos, que não sou o único. Que outras criaturas entram em neura avançada na noite de 31 de Dezembro. Essa minoria é essencialmente formada por gente um pouco introspectiva e embiocada, que percebe que o acto de recordar o ano que passou redunda num exercício penoso, com as decepções e os fracassos acumulados. O "exame de consciência" de fim de ano funciona, para essas pessoas, como um duro ritual, porque são muito severas consigo próprias, com os outros, com o mundo. Para estes, os desmancha-prazeres, o fim do ano representa uma revisão fraudulenta da matéria. Porquê fraudulenta? Porque o "passado", mesmo que seja visto com luzes negras, é posto sempre em contraste com o "futuro", e com o futuro imediato do novo ano que começa dentro de poucas horas. Então, sabem estes pessimistas, surgem várias formas de auto-ilusão, que culminam na mais básica: a de que "para o ano vai ser melhor". A razão por que "para o ano vai ser melhor" não é clara. Os dados de um problema não se arrancam com um arrancar de página no calendário. De facto, não há nenhuma probabilidade séria de o ano seguinte ser melhor. Mas, para que seja, acrescenta-se ainda um toque final: as "promessas" para o próximo ano. Que não iniciaremos relações com pessoas obviamente erradas, que não tentaremos ser a Madre Teresa da família ou que, no escritório, não daremos importância ao sabujo da verruga. No ano seguinte, claro, tudo será do mesmo modo. Em pior.

A maioria das pessoas sabe que isto é assim, mesmo que apenas uma minoria o admita. Embora duvide do funcionamento constante da racionalidade humana, julgo que, quanto mais não seja, todos se lembram de que este ano não foi melhor do que o anterior (as excepções provam a regra). O próximo ano, então, não tem nenhuma razão para ser melhor do que este que termina. Mas o confronto com esta certeza é intolerável. Vem então a grande ilusão, a mais forte, a mais alienante: a festa. A festa de passagem de ano, como todas as festas oficiais, é tanto uma ocasião de celebração como de amnésia. É como um adolescente que discute com os pais e depois vai ouvir *hard rock* com os *headphones* postos. É uma fuga, uma desconversa, um desatino. Não que muitos dos que festejam o ano não o façam de modo normalíssimo, sem dramas, apenas celebrando a família e os íntimos; mas sempre achei bizarro que algumas das pessoas mais angustiadas que conheço fossem das mais propensas à passagem de ano, e à passagem de ano na rua ou em festas ruidosas. Há gente quase sem angústias, mas essa come as passas, faz um brinde discreto e deita-se cedo. Porém, não consigo descrever a impressão que me faz ver alguém, profundamente triste, preparar-se para uma festa. Nos anos em que não têm nada combinado, entram numa espécie de desespero, em roda viva, sem saber o que fazer, tendo que lidar, de frente, com a passagem dos anos, e não meramente com a passagem do ano. E depois, no ano novo, tendo de enfrentar a mesma existência de sempre.

Não entro nesse jogo. Quando chegam as onze horas, despeço-me das gentes, vou para casa, fecho a porta a cadeado. Como se pode aguentar os últimos sessenta minutos? A ansiedade, o divertimento falso, o nervosismo pendular. E o êxtase final: a contagem decrescente (meu Deus, a horrível contagem decrescente), o urro da meia-noite, o champanhe, o foguetório. E depois, uma noite de festarola. E no dia seguinte, tudo na mesma. "*Nothing changes on New Year's Day*", canta Bono. O novo dia, dia de ano novo. Esse dia triste, em que nada mudou. E ainda me perguntam porque passo a noite de 31 de Dezembro debaixo da cama.

NÓS, OS GORDOS

É bem conhecida a frase de apresentação nas reuniões dos Alcoólicos Anónimos: "Eu chamo-me fulano de tal e sou alcoólico." Pois bem, o título desta crónica valeria como fórmula análoga numa eventual associação de Gordos Anónimos. A lógica seria a mesma: a pessoa tem de reconhecer a sua situação, se quiser mesmo mudar de vida. No entanto, reparem que "nós, os gordos" é uma frase desonesta: o plural pusilânime parece fugir à assunção integral de uma condição existencial. O "nós" é conveniente, genérico, quase literato. A primeira pessoa do singular era o mínimo que se exigia. Mas esse passo, como sabem os alcoólicos em recuperação, custa a dar. No entanto, cá vai. Eu, o gordo. Pronto, está dito. Podemos começar a sessão.

Quando se deu esta epifania? Estranhamente, apenas há uns meses, quando um amigo me diz, como se não fosse nada: "Nós, os gordos." E continua, discorrendo sobre um assunto que não recordo. Fiquei banzado. "Nós?", fiz eu, em monólogo interior. "Gordo serás tu, meu cachalote do Ribatejo." O topete do gajo. É que, vejam bem: eu obviamente nunca pensava em mim como "gordo". Claro que tinha e tenho todos sintomas da doença, mas os sintomas são sintomas, coisa transitória, mais nada, dizia de mim para mim, encolhendo a barriga. No entanto, o rótulo (aparentemente pacífico) posto pelo meu amigo começou a azucrinar-me a consciência. Ser gordo, individualmente, é uma coisa. Ouvir os outros dizer que somos gordos, fica mais grave. E fazermos oficialmente parte "dos gordos" é uma monstruosidade. Saí dessa conversa a sentir-me catorze vezes o Jô Soares. Regressei a casa a pé, com medo de não caber num transporte público, muito colado às casas para que as pessoas me tomassem por um vidrão cinzento e não implicassem comigo. Não queria ser visto, conhecido, reconhecido. Porque ser oficialmente reconhecido como "gordo" é entrar de rompante numa nova categoria humana. É possuir as "indicações eventuais" de que fala o bilhete de identidade. É ter um ferro no lombo, como o gado. É trazer uma letra escarlate. É ser nomeado assim: "Conheces aquele gordo que mora aqui?" É dizerem, na rua: "Lá vai o gordo almoçar outra vez." É perguntarem na redacção da revista: "O gordo já mandou a crónica?" A palavra "gordo" é em si mesma gorda, monstruosa, cada sílaba um montículo de adiposidade e colesterol. Ser "gordo" é, afinal, como ser "maneta" ou "vesgo": o traço distintivo pelo qual os nossos contemporâneos nos conhecem. Antes dessa tarde, eu debatia-me com factos prosaicos, como a balança e os furos do cinto; depois disso, senti-me uma personagem de Kafka: acordei e tinha-me tornado gordo. Ou melhor: "um gordo". Se até o meu amigo o dizia, toda a gente, por esta hora, já sabia desse facto. Eu era *aquilo*. E aquilo metia nojo.

E, no entanto, é amplamente conhecida a boa fama de que gozam os gordos. Ok, são gozados pelas crianças, morrem cedo de tromboses fulminantes e só se safam sexualmente com uma ocasional *simpathy fuck*. Mas são inofensivos, compreensivos, confiáveis, amorosos e, sobretudo, divertidos. Um gordo não é exactamente um homem: é um bom amigo. Um bom tipo. Horrorizado, chego à conclusão de que quase todas as pessoas que me conhecem me acham "confiável", "compreensivo" e relativamente "inofensivo". Quando as miúdas são maltratadas pelos homens e eu estou nas redondezas, até passo por "amoroso". E toda a gente insiste no facto de eu ser "divertido". Quer dizer, as supostas qualidades da minha raça são precisamente os dados de facto que me condenam a essa raça. Como figura humana, não está mal, mesmo se em tons um pouco patéticos. Mas, reparem, já não estamos perante uma criatura: o "gordo" é um estereótipo ambulante, uma amável bizarria, uma maldição redonda. E o pior é que não lobrigo soluções evidentes. Tornar-me velhaco, intratável, perigoso? Não consigo. Passar a ter sucesso com as senhoras? Mas seria obrigado a escrever romances humanistas. Aderir a uma tribo urbana depressiva? Tinha de me mudar para a Margem Sul. Portar-me à magro, à fininho, à escanzelado? Já não me lembro como se faz. E que tal, simplesmente, deixar de ser gordo? Quer dizer: fazer exercício físico e dieta? Ah, isso nunca. Jamais. Em tempo algum. Ou apenas quando o meu amigo me chamar, oficialmente, "obeso".

O SENHOR ALBINO

O Snob, nas páginas amarelas, é um bar. Ou um restaurante. Mas não se fiem nisso. O Snob, na verdade, é uma instituição. E uma instituição eminentemente jornalística. Malta mediológica e associados, tudo lá vai parar. Conheço mesmo quem chame ao estabelecimento "a cantina". Não que tenha o aspecto frio e atamancado de uma cantina. Pelo contrário: o Snob é um sítio pequeno e extremamente acolhedor, de tom familiar e comida caseira. E nem é a única coutada de jornalistas em Lisboa. Há o D. Pedro V, mais à frente, e o S. Bento Café, ambos mais carotes (e o segundo, dada a localização, mais mal frequentado). E há o Pabe. E outras chafaricas. Mas o meu poiso é o Snob. Poiso infrequente, diga-se. Porque há fiéis de missa diária. De missa e comunhão. É raro ir ao Snob e não encontrar a mesma gente. Amigos ou nem por isso. Malta variada. Gente suspicaz. Pandilhas festivas. Alcoólicos *zombies*. Reaças encartados. O grupo sionista & e o grupo da Fatah. O secretário de Estado sem namorada. Os amigos do Dr. Soares. As jornalistas divorciadas. O actor em noite deprimente.

Há quem deteste o Snob. Por causa da clientela, obviamente. Sei de duas ou três pessoas que dizem, enojadas:

"Nem pensar, não quero ir a um bar frequentado por jornalistas". Não anuncio grande novidade se disser que são os jornalistas que dizem frases assim. Percebo, aliás, o enfado perante mais umas horas de discussão dos mesmos assuntos, à boca grande, com gestos veementes e vernáculo. Compreendo que as manchetes devem ser lidas de manhã, quando compramos os jornais na banca da esquina, e não espiolhadas de véspera, na maré das redacções que desaguam para um bife tardio e um copo reparador. Mas eu, pessoalmente, gosto. Sei que sou um mulato na profissão, pouco estimado por pretos e brancos, mas fico no meu canto, folheando os jornais, farto dos telemóveis e da vida de solteiro. Ou então aparecem amigos e conhecidos e, numa penada, somos cooptados para a mesa alheia. Assim, fica-se em casa num instante. O Snob tem quarenta anos de história. A minha história do Snob tem dez vezes menos, se tanto. Mas o bar da Rua do Século faz parte indiscutível dos meus cromos. Uma casa pacata, com horários menos canónicos, próprio para atirar fora um dia lixado e espantar angústias com rodelas de limão. Quem me tira o Snob, tira-me o abono de família.

Mas o Snob não é apenas um sítio, é também uma pessoa, indissociável da casa como as paredes. Exactamente: o patrão e mestre-de-cerimónias, o senhor Albino. Uma instituição dentro da instituição, tão sólida e certa como uma figura mitológica na proa de um navio. Claro que todos os que frequentam a noite ou vêem filmes americanos sabem que o *barman* é o melhor amigo do homem. Mas o senhor Albino não é apenas um *barman,* na sua função, e tem uma atitude muito diferente, e muito mais rara. O senhor Albino é um céptico. Dá pancadinhas nas costas, como todas as pessoas de bom fundo, mas não alimenta tolices. Com a sensatez de não se intrometer na conversa dos clientes, o senhor Albino vai ouvindo e coleccionando. Por esta altura, não deve ter nada mais para aprender. Noites de eleições, zangas de amigos, paixões fugazes, encornanços, manchetes de escândalo, discussões bravias, infindáveis horas de boémia mansa, de letargia melancólica, de enfado com ovo a cavalo. Indo e vindo, o senhor Albino semicerra os olhos num sorriso irónico, sabido, quase patusco. Conhece todas as verdades para dar demasiada importância a alguma. É portista dos quatro costados, e ninguém lhe mexa com a simpatia dragona; mas, para além disso, não se mete em chatices, não toma melodramáticos partidos, cada comentário sempre escasso e educado é de pé atrás, extremamente irónico e benevolente, mesmo quando critica. O cinismo vulgar postula que "as pessoas são todas iguais"; mas só a maturidade ensina que sermos todos iguais não é trágico, mas simplesmente comezinho e algo divertido. O senhor Albino, por vezes, lembra-me Montaigne. Mas, em vez de nos azucrinar com o *De Senectute* de Cícero, serve, quase em jeito de perdão, mais um JB. E o JB, dizem, é muito mais sábio do que Cícero.

OS MEUS VIZINHOS DE CIMA

Os meus vizinhos de cima impõem-me a sua conjugalidade. Noite após noite. E consubstanciando um grave conflito de direitos. Eles têm direito ao convívio. Mas eu, que diabo, tenho direito ao sossego. Que fazer?

Devo explicar que não conheço os meus vizinhos. Nunca fomos apresentados, não vão às reuniões de condomínio, e se nos cruzámos no elevador continuámos mutuamente anónimos. Não sei se os meus vizinhos são lisboetas ou beirões. Se são trotskistas ou críticos da descolonização. Se apreciam Teolinda Gersão e Camané. Não faço sequer ideia da faixa etária do casal, embora suponha que não sejam pensionistas. Sei que ouvem música (em geral má), que fazem jogos sociais (Pictionary?), que vêem a bola, que ela tem tosse, que urinam com frequência.Todas estas coisas sei na placidez do meu lar, sem querer saber, sem ter como fugir. O chichizinho e a Mariah Carey eu ainda aguento; o pior é a frequência, tendencialmente diária, com que partilham comigo aquilo a que o Código Civil chama, amoravelmente, o "débito conjugal". Digo "conjugal" em sentido lato, porque (uma vez mais) não sei se o casal fez votos, foi ao notário ou simplesmente juntou as escovas de dentes. Mas são um casal. Isso é que importa. Isso é que se nota. A pouca espessura de tecto e paredes, o precário isolamento sonoro, o silêncio nocturno, tudo ajuda a que eu seja espectador auditivo das actividades amorosas alheias. O esquema é sempre igual: deitam-se cedo (bastante mais cedo do que eu), ficam a ver televisão ou a conversar, adormecem. E, umas horas depois (por volta das 3), acordam e dão início às festividades. Tudo isto pode ser muito bonito. É reconfortante saber que as pessoas se amam. Mas eu confortava-me com o facto de saber. Não era preciso terem-me como testemunha.

Se os meus vizinhos não vivessem no andar de cima, mas no prédio em frente, se em vez de os entreouvir os pudesse espreitar, não me queixava. Sou um razoável adepto do *voyeurismo*, e nunca é de mais homenagear Hitchcock. Mas, francamente, a audição não é o sentido que mais prezo. Além do mais, a paleta é monótona. Em resumo: o pessoal geme. O pessoal, vírgula: a senhora. Porque ele é como se não existisse: noutras tarefas, faz-se ouvir, mas no ritual amoroso, nadinha. Nem a rolha da Raposeira a saltar faz barulho. O cavalheiro é tântrico e discreto. Pela minha parte, agradeço. Já a minha vizinha é uma extrovertida. Uma espalha-brasas. Tenho direito a tons, ritmos e decibéis variados. Dá para reconstituir cada passo à conta dos gemidos. Haverá quem ache piada a isso. Não é o meu caso. Vejam bem: está um indivíduo a reler Schopenhauer, e leva com uma banda sonora digna de um filme amador com actrizes checas depiladas. Ora, *O Mundo como Vontade e Representação* não liga bem com esse chavascal. Reconheço que há ali vontade. Espero, para bem do meu vizinho, que não haja ali representação. Seja como for, eu, rapaz solteiro e casto, estou a cultivar-me, a perceber as influências de um *misreading* do budismo em chave "orientalista" como fundação de um pessimismo escapista nos filósofos estetas finisseculares, e apanho com a Feira Popular no andar de cima.

Custa-me ter de fazer este acrescento, mas torna-se necessário. O sexo modelo 32 eu aguentava sem pestanejar. Punha os *headphones* ou abstraía-me e considerava o zunzum como música de fundo. O problema é que o casal não se restringe à Lei de Deus. Muitas são as vezes em que existe claramente o que os teólogos medievais chamavam uma "intromissão no vaso posterior". Ora isso, como se sabe, provoca barulho. Queixumes. Berros. Protestos satisfeitos. Nessa altura, estou eu a compulsar, febril, a Lei do Condomínio. Se eles tivessem a televisão no máximo, eu podia ir queixar-me. Ou se estivessem a experimentar uma motosserra de madrugada. Mas como posso eu ir à próxima reunião de condóminos e propor, a seguir à discussão "casa da porteira", o tópico "porta de serviço"? E, no entanto, tenho a certeza de que teria associações cívicas do meu lado. A Deco. A Greenpeace. O Opus Dei. Eu tenho de ser ressarcido, caros leitores: os meus vizinhos perturbam-me o cânone ocidental. Noite após noite. Já pensei, várias vezes, ir dormir para a sala. O pior é que os vizinhos do lado são iguaizinhos.

FEIRA POPULAR, ELEGIA

Agora que a Feira Popular se muda do centro de Lisboa, talvez para Monsanto, tenho a exacta noção de que faz ou fez parte da minha mitologia. Uma mitologia, é certo, algo rasteira, longínqua, quase vergonhosa. Mas, ainda assim, inescapável. Porque digo isto? Porque a Feira Popular é um sítio do qual me lembro desde sempre, que me recordo de ter visitado muitas e muitas vezes, centenas de vezes. Claro que não visitei a Feira centenas de vezes, nem sequer dezenas. Mas esse é precisamente o ponto. Quando alguma coisa assume, na nossa memória, uma importância maior do que aquela que de facto teve, estamos perante um mito.

Nesse sentido, a Feira Popular funciona para a adolescência como o Jardim Zoológico para a infância. Também me parece que fui centenas de vezes ao Zoo quando era pequeno, quando na verdade devo ter ido sete ou oito. Mas é sempre um cenário que acaba por regressar associado à minha ideia de infância. A minha ideia de adolescência, essa, tinha forçosamente de estar acoplada a algo decadente e duvidoso, visto que foi o período mais lamentável que vivi. E a Feira Popular, que na imaginação de um *teenager* pode assumir proporções de divertimento acessível, rápido, adocicado, tem, para olhos mais ímpios, um travo ao que de mais rançoso e mal-amanhado há na nossa amada pátria. Se tentar pensar na Feira de forma desapaixonada, vejo apenas um circo dos portugueses pimba, com muito lixo, magalas entesados, cheiro a farturas. Para os pós-queirosianos como eu, a Feira Popular faz parte da "choldra". Uma "choldra" inócua, trivial, de fim-de-semana. O sonho do adolescente pobre de espírito, povoado de "máquinas" (como me lembro de querer ir "às máquinas") e de divertimentos que ignora serem tristes. Passeava espantado e mudo por aquelas ruas de restaurantes ruidosos e quase típicos, odoríferos, por aquela assombração de engenhocas, de fantasias, de creche à solta. O comboio-fantasma, que atravessei de pálpebras cerradas, julgando que o medo era aquilo. Os cavalinhos, que faziam os adolescentes zombar dos putos. Os tirinhos que me denunciavam a inépcia. O poço da morte, com rapazes de calças coçadas. E mesmo os meus favoritos, os carrinhos de choque, com a sua adrenalina ligeira, o ímpeto confuso e quase agressivo, a incómoda sensação do riso canibal das raparigas.

Fui à Feira umas vezes, não sei quantas, não importa. Fui inconscientemente feliz e infeliz sem o ser realmente, apenas um miúdo com quinze anos num absurdo baldio animado no Campo Grande. Com as incipientes frustrações e ideias. Com os amigos com quem não me sentia bem. Com a inabilidade. E mesmo os pequenos prazeres eram um incómodo, como o algodão doce de que nunca gostei e que se tornava metáfora de qualquer coisa que não recordo. O medo persistente da Montanha Russa, onde nunca cheguei a andar, espécie de Cabo Bojador de tudo, do modo de vencer o medo. A Montanha-Russa aos pés da qual me viram, em contrapicado, numa das noites da minha penosa provação. Do meu fracasso. Misturada, porém, por entre brindes, com as noites deprimentes com colegas de liceu, já no vinho quando eu bebia coca-cola, com a nicotina e o sexo de uma classe média mais baixa do que a sociologia ordenava, geração de transição, nem carne nem peixe, ruidosa mas apagada, relativamente fruste e perdida e quase desbotada na minha memória talvez injusta.

Depois deixei de ir à Feira. Acabada a adolescência, atravessada a noite. Ainda voltei, uma última vez. Quero crer que foi a última. Saído do exame final do curso, espécie de doutor em leis há dez minutos, com a gravata de banda e os códigos. Suado. Exausto. Sem futuro. Fui com o meu melhor amigo, embora tivéssemos deixado de ser amigos meses antes. Fomos, quase em silêncio, com alívio mais que alegria, e jogámos *snooker*. Jogámos mal. Um jogo lento, elegíaco, em que ambos nos despedíamos um do outro, disso de sermos novos, de tudo o mais. A bola branca melancolicamente fazendo a sua rotina. Um fim de manhã ou de tarde no meio desse aterro semi-habitado e lamentável, fora de moda, condenado. Regressámos ao carro tirando a gravata e a adolescência.

Agora, ao que parece, a Feira Popular vai para mais longe. Talvez para Monsanto. Ainda bem. Longe da vista. Longe do coração.

TORTO

Uma amiga de longa data pediu-me que lhe corrigisse as vírgulas na tese de doutoramento. Com certeza que sim. Atirei-me, pois, às vírgulas. Mas confesso que não estava preparado. É que a tese (não sei como dizer isto) debruça-se sobre a problemática da cessão de créditos. Exactamente: da cessão de créditos. Confortavelmente esticado na minha caminha, de lápis na mão, dei por mim teletransportado ou, se preferirem, transplantado para a década de noventa do século passado. Essa tarde recordou-me outras tardes, árduas e infindáveis, há doze ou treze anos. Era, nessa época, aluno do curso de Direito. Saquei o canudo em 1995. E, depois disso, tenho mantido o silêncio. Mas agora, passado o período de nojo, aproveito para deixar aos meus leitores dois ou três avisos sobre o dito curso. Pois bem: trata-se simplesmente da mais inconcebível, árida, macilenta e desprezível das criações humanas. Reparem que nem sequer me refiro ao Direito propriamente dito: sobre essa matéria a conivência dos juristas com tiranias sortidas e as obras completas de Kafka chegam e sobram. Quero agora evocar apenas o curso, aqueles cinco penosos anos de colónia penal. Convém aliás explicar que o curso de Direito tem cinco anos não por exigências curriculares mas como forma de homenagem aos planos quinquenais soviéticos. A lógica de opressão, de dirigismo e de extermínio é a mesmíssima.

Não vou agora aqui sumariar a minha experiência estudantil, a qual, aliás, foi aprazível a princípio e se tornou depois indiferente. Mas recordo-me bem do momento de viragem. Em pleno terceiro ano, o meu descontentamento veio ao de cima violentamente, como um almoço mal digerido. Estava numa aula de Direitos Reais. Estava aborrecido. Estava com sono. Escrevinhava coisas num caderno. E em cima do estrado, o monocórdico mestre dissertava sobre a "servidão de estilicídio". Eu explico: trata-se de garantir o escoamento das águas quando um prédio vizinho não está a mais de cinco decímetros do outro. A minha vaga insatisfação com o curso tornou-se, nesse segundo, algo de muito mais agudo, como uma úlcera que rebenta. Eu não sabia o que queria fazer da minha vida; mas não era certamente estudar o escoamento de águas e a distância entre os prédios. Que se lixasse o estilicídio. Eu queria distância era do curso.

Porque essa era a nossa faina. Engolíamos, como óleo de rícino, noções assim intragáveis durante dez infindáveis semestres. Não apenas a acção de despejo, o IRS ou a recorribilidade do acto administrativo, assuntos minimamente perceptíveis, mas muitas e muitas bizarrias. A Constituição da Costa Rica. O inadimplemento culposo. A impugnação pauliana. O pacto leonino. A venda a retro. A ineptidão da petição inicial. As prescrições presuntivas. A substituição quase-pupilar. O fideicomisso. O anatocismo. A enfiteuse. Os vícios redibitórios. Os impedimentos dirimentes relativos. O contrato sinalagmático. O registo das sociedades em comandita. O benefício da excussão. E, claro, a cessão de créditos. É preciso ter um interesse desmesurado acerca das regras que regulam uma sociedade, em todos os seus nauseabundos detalhes, para estudar estas salganhadas. E para aguentar os infindáveis casos entre o "senhor A" e o "senhor B", que vendiam um ao outro casas, se processavam, pediam licenças de uso e porte de arma, deixavam violas de gamba em usufruto, e por aí adiante. Por vezes iam mais longe: o usufruto era em Amesterdão, a arma de Poiares da Beira, o processo na Califórnia e a casa nas Comores. *Quid Juris?*, perguntavam, sacanas, os lentes. Não sabíamos nem queríamos saber. Por esta altura, todos nós queríamos mais era que o senhor A e o senhor B se quilhassem.

Manhãs e tardes a fio assisti a isto. Noites e noites a fio estudei isto. Vou ter olheiras para sempre por causa disto. Arruinei a minha caligrafia por causa disto. Sofri horrores de nervos e bexiga por causa disto. Aguentei o Prof. Soares Martinez por causa disto. Comprei e sublinhei de capa a capa cartapácios de setecentas páginas sobre a pensão de alimentos por causa disto. Por isso vos digo, ó finalistas de liceu: não se metam nisso. Parafraseando Jacques Séguéla, diria que há actividades bem mais decentes, como pianista num bordel.

O CORNO

Simpatizo com o corno. Depois do espalhanço numa casca de banana e de uma tarte na cara, o marido encornado tem sido, desde sempre, o maior motivo de risota das multidões. No teatro, de Plauto a Molière, e chegado às *bedroom farces* inglesas, o encornanço salta como tema permanente de paródia. E o romance francês oitocentista parece girar quase sempre em torno do adultério, mesmo se com tonalidades mais trágicas. O corno (sobretudo se for homem, e ademais velho ou feio ou estúpido) é motivo de gargalhada universal.

Não me parece bem. Desde logo porque ser "traído" (como se diz) não tem muita graça. Depois, porque muitas vezes o corno não é aquela criatura detestável ou desinteressante que está mesmo a pedir que a esposa dê umas voltinhas carnais, mas apenas um tipo normal, ou mesmo uma criatura cheia de encantos e virtudes. Alguém pensou na hipótese de os amantes serem mais banais que os maridos, e só parecerem mais interessantes porque são uma novidade? Pois não. É por essas e por outras que o corno tem, quase sempre, a minha solidariedade e empatia. Empatia? Exacto. Porque, embora nunca tenha sido casado nem nunca me tenham propriamente "traído", sinto que possuo vocação de corno. É um bocado triste chegar à casa dos trinta e descobrir uma "vocação de corno". Mas é verdade. Compreendo a dificuldade que uma mocetona teria em coabitar com a minha pessoa. Se me pusesse os "palitos" (outra assombrosa expressão) estaria absolutamente no seu direito. Teria mesmo a minha simpatia. No entanto, reconheço, ser "encornado" é uma tristeza. Um fracasso horrível. Um motivo de chacota. Daí que, embora me pareça conforme à equidade e à sensatez que uma mulher me encornasse, ainda assim não faço disso uma festa. Eu, enquanto corno potencial, sou igualzinho a todos os cornos efectivos. Quero dizer: posso não prestar para nada, mas tenho o direito constitucional de não sofrer sevícias morais por parte da esposa ou namorada. Que a senhora se aborreça, se chateie, fique inconformada, insatisfeita, que mostre a sua preferência por um indivíduo mais escorreito, eis o que o próprio Aristóteles reconheceria como sustentável. Mas faço questão no uso das regras regimentais: primeiro manda-se um palhaço à fava e só depois se passa para o palhaço seguinte. Nada de acumulações. Porém, o encornanço acontece. Camilo José Cela, com a sua erudição javarda, escreveu mesmo um douto volume sobre o tema. Há, portanto, quem ache graça. Eu próprio, em momentos de galhofa, me rio grupalmente com a notícia de que alguém na vizinhança hasteia, sem o saber, as suas hastes há uns mesitos. Mas depois *the joke isn't funny anymore.* Sou ciumento, e sei que me remordo mais do que Otelo com o ciúme. Ora, a traição é o ciúme confirmado, o colapso com prova documental, o apocalipse com datas e nomes. Tem graça? Tem, para quem está de fora. Tudo tem graça para quem está de fora. Ou tem, ao menos, a sua estética. Até o napalm faz um efeito bonito. Ou duas torres a esbarrondarem-se. Ou os escravos modernos do Sebastião Salgado. Tudo tem a sua graça. Não é esse o ponto. Estive poucas vezes com gente corneada, ou pelo menos com gente disposta a conversar sobre isso. Mas pareceram-me, quase sempre, farrapos humanos. Tem muita graça tropeçar numa banana, porque só se esfola o joelho. Tem muita graça levar com uma tarte na cara, porque basta mandar a camisa para a lavandaria. Mas ser encornado não tem graça. Aliás, não rimos porque tem graça. Rimos porque mete medo.

Por tudo isto, o corno merece a minha total solidariedade. Não apenas pelo sofrimento íntimo. Também pela humilhação pública. E pela empatia. Como dizem os irlandeses: *there, but for the grace of God, go I.* Eles dizem isso sobre os mendigos e os loucos. E, pensando bem, o corno é, à sua maneira, um mendigo e um louco: perdeu tudo e não sabe nada. Para quem o vê, a sua vida transformou-se numa farsa que suscita alarvidade. Mesmo eu, vindo em sua defesa, lhe chamo "corno", em vez de "traído" ou "enganado". Mas a linguagem chula serve precisamente para isso: para mostrar a brutalidade da vida como ela é. O eufemismo é inimigo da lucidez. Ali vai o corno, no outro passeio, com a marca escarlate no seu sobretudo coçado. Ali vai o bobo. O falhado. Ali, excepto pela graça de Deus, vou eu.

O MARIDO INFIEL

Jantei ao lado do marido infiel. Sabia quem era de nome apenas, não de cara. Não foi preciso que me dissessem. O marido infiel é evidente. Este e todos os outros. Parece um guerreiro, com a viseira levantada, descansando ao pé de camponeses. Tão medieval como isso, tão cénico como isso. A viseira levantada porque mostra o sorriso. Sorriso? O esgar trocista. O marido infiel é um guerreiro triunfal, talvez terno como os da Agustina. Ou nem isso. Um vencedor. Entramos na sala e é impossível não ver o marido infiel. Fosforescente ao lado da esposa distraída.

A infidelidade é a ordem natural das coisas. É a comprovação de que a "monogamia" é um "mito". Sendo natural, a infidelidade não é muito interessante, excepto para estudantes de literatura oitocentista. Mas o infiel, esse, é fascinante. Não o infiel esporádico, por crise ou desfastio. Este é o infiel profissional, em série, o que faz disso o seu modo de estar. As mulheres adoram-no. Ou então é ele que adora as mulheres. Coisa de ovo e galinha, pouco importa por onde começa. O marido infiel tem "sucesso". Basta sair à rua. É "assediado". Nem precisa de grande esforço. As mulheres sabem que é infiel. E não fogem por causa disso, bem pelo contrário. O marido infiel é um desafio, uma provocação, mas também uma garantia. A impossibilidade é um excelente álibi. Porque todo o marido infiel "ama" a sua mulher. E, para as amantes, o casamento é um jogo um pouco triste com o compromisso. Não importa tanto conseguir um "compromisso", mas usar esse argumento e essa chantagem. As mulheres não querem ficar com o marido infiel. Sabem que continuará sendo como é. Mas gostam de experimentar, de se experimentarem e de testarem o casamento alheio, sempre com a margem de recuo que é o compromisso. Próprio e alheio.

Um jogo, portanto. O marido infiel tem olhos verdes. Nem todos terão, oftalmologicamente. Mas é como se tivessem. Verde é a cor do ciúme (e, dizem, da esperança). Como todos os jogadores, o infiel depende do vício, da adrenalina, da acumulação. Como todos os mentirosos, depende de uma rotina perigosa. Ou quase perigosa. O marido infiel, se o for com brio, é invisivelmente infiel para a esposa. Se disse que entrei na sala e o vi, com um brilho perigoso, então para a esposa, notoriamente, ele era um biombo opaco. O marido infiel, para a esposa, é apenas um homem cobiçado. E isso faz bem à auto-estima de ambos. É inofensivo. A esposa não se preocupa, é mansa, como se diz, mas de uma mansidão ignorante, quem sabe se por vontade própria, por estratégia, por defesa. O marido infiel, de camisa desabotoada mas colada ao peito, preside, recebe, processa. Nada lhe escapa. É uma máquina sexual.

Mas será sexo, tudo isto? Ele devora com os olhos as mulheres atraentes. Com a serenidade de quem não o faz apenas com os olhos. Mas essa serenidade, sendo sexual, também tem marés e ventanias de impaciência, de quase raiva. O marido infiel aprecia o *flirt,* a sedução, mas sem a posse não seria nada. Não seria sequer infiel. É a lógica do aviador que vai abatendo aeroplanos inimigos. Inimigos? Também isso: as mulheres que o marido infiel quer são os seus inimigos. Não apenas por causa da quase inescapável misoginia dos homens atraentes, mas porque sem um combate não há vontade. E o sexo, desirmanado do mais, é um combate. O marido vive da sua masculinidade, sorve a própria libido como se fosse água da chuva, mas de uma chuva abundante, que nunca escasseia. Essa é a sua respiração normal, não há nada de errado nisso, as pessoas são como são.

O marido infiel é simpático. Gostamos da sua companhia. Não sei como será este, que nem trocámos palavra, mas é assim com todos. É empreendedor, anfitrião, quase o imaginamos habilidoso com minudências domésticas. No entanto, há nele um vento venenoso, uma instabilidade assustadora. Janto quase ao lado dele, vou imaginando isto, feito de outros bocados, alheio quão alheio se possa a tal personagem, nem sequer com admiração ou inveja, apenas uma curiosidade perante a figura evidente, de néon e languidez severa. Entramos na sala e o marido infiel é a sala. Percebo o que as mulheres vêem nele. E noutros como ele. Estas mulheres e outras mulheres. Percebo que o queiram. Percebo tudo. E suspendo o juízo. Alegria e tristeza são coisas mutáveis, fosforescentes.

O FILHO DA

É, cada vez mais me convenço, uma categoria humana universal. Embora numericamente represente uma minoria, esta minoria é perigosa. O estafermo em causa tem muitos nomes: "sacana" ou "estupor" são os mais frequentes. Ou então, com mais vigor, fdp. Como este é um jornal respeitável, o uso do vernáculo deve ser naturalmente moderado, e por isso digo simplesmente assim, fdp, e não por extenso. Convém apenas avisar que a designação pode induzir em erro: não se deve ficar com a ideia de que se trata literalmente de um descendente em primeiro grau de uma trabalhadora do foro sexual. As mães dos fdp não têm nada a ver com o assunto. Estão nesta expressão como Pilatos no Credo.

Não sou o primeiro plumitivo que chama a atenção para esta figura. Alberto Pimenta já o fez, e bem, num ensaio chamado, nem mais, *Discurso sobre o Filho-da-Puta*. Mas o fdp de Alberto Pimenta é ainda uma criatura de certo modo salazarista, apostada em fazer da sua rede de complexos uma forma de coacção social. O fdp que eu conheço não segue esse padrão. Quase todos os fdp que tenho encontrado são altamente modernos e desempoeirados. A sua sacanice reside menos numa determinada cartilha do que nos meandros tenebrosos do seu cerebelo. O fdp não costuma primar pela rudeza mas pela sofisticação. Não é um selvagem mas um maquiavélico. E faz o que faz porque aprimorou certas técnicas, certos truques. Como frustrado e ressabiado, o fdp é todo bílis. Mas não é tonto ao ponto de desprezar o vício mais desprezível e mais rentável: a hipocrisia. É disso que precisa, visto que nenhum fdp é assumidamente fdp.

Existe, no fdp, um modo de ser, mas existe também uma estratégia. A qual passa pela dissimulação que lhe permita ganhar uma posição na engrenagem de modo a controlar subtilmente a máquina social. O fdp é ambicioso, muito ambicioso. E não há nada de mal nisso, visto que a ambição não tem de ser sinónimo de esmagamento do parceiro do lado. Porém, o fdp não pretende apenas subir: insiste que o outro lhe sirva de escada, de corrimão, de patamar. Na verdade, é isso que interessa ao fdp: trepar vida acima por cima dos outros. Ao contrário do mero ambicioso, o que lhe dá gozo não é o sucesso, mas o riso escarninho perante o insucesso alheio. É claro que, para pisotear e torpedear o próximo, o fdp precisa absolutamente de ganhar algum grau de confiança. É por essa razão que a maioria das pessoas descobre que o fdp que o atormenta é (ou era) um amigo, um colega, um camarada. E não se trata aqui do encornanço ou de outras patifarias menores. Lixar a vida alheia em permanência é a razão de ser do fdp. Como um propósito em si mesmo, obedecendo à sua natureza. Como o escorpião que mata o sapo que o transporta através do rio, mesmo sabendo que por causa disso morrerá também. Nunca se esqueçam de que o fdp não é apenas concorrente ou rival: é acima de tudo um sádico, alguém que vive apenas para arfar com o sofrimento que causa a terceiros.

Mas o fdp possui um calcanhar de Aquiles: só triunfa enquanto o seu retrato-robô não for distribuído entre a populaça. Para o normal exercício da sua natureza, o fdp precisa de secretismo e teatralidade. Se o fdp é pública e notoriamente um fdp, a sua carreira chegou ao fim. Excepto se mudar de zona. Ou de ramo. Ou de estratégia. De feitio é que não consegue mudar. Não há redenção para o fdp. Um criminoso perigosíssimo pode ver a luz, porque o mal está muito perto do bem. Mas o fdp não tem a grandeza de quem faz o bem nem a grandeza negativa de quem pratica o mal mais tenebroso. O fdp é apenas uma verruga, nem no mal tem aura. O seu fito, mais que destruir, é corroer. E dessa pequena vileza não há regresso. Uma vez fdp, sempre fdp.

Assim, a única grandeza do fdp é precisamente a tragédia de saber que não tem grandeza, que é um estuporzinho e será sempre um estuporzinho, que está amarrado a uma infindável sucessão de sarcasmos, cinismos, maldades, verrinas, rasteiras. O fdp é como um rato preso numa garrafa. E o próprio fdp sabe isso muito bem: apesar de aparentemente lúdico, o fdp vive esse desespero de se saber um *clown* comezinho. Anda à roda, mordendo a cauda, como um lacrau. Acaba como começou: o mais patético de entre os patéticos.

A BOA DA TURMA

A boa da turma chamava-se Becas. Xana. Alexandra. Não importa: Becas. Era assim. Era como era, como fora feita, inteiramente coincidente com o seu corpo. Era um corpo. Ninguém lhe reconhecia nada senão isso. Um corpo adolescente. Exuberante. Um corpo quase sem traços. Era só seios. Ou, como dizíamos: mamas. Era só mamas. Era a boa da turma. Existia na estrita medida do seu corpo. Era uma animação. E parece agora uma memória triste.

Ela era, nesses nossos deslavados anos oitenta, apenas uma declinação do sexo. Que não existia como pessoa porque nunca nenhum de nós lhe dava autorização para existir fora da sua imagem, do seu peito transbordante, duríssimo, agressivo, suave. Como a pornografia, que para nós servia de mentirosa aprendizagem, a rapariga era um exagero, mas um exagero em forma concreta. Não importa que coisa fosse o sexo: era a Becas. Certamente havia, no liceu, outras colegas mais bonitas, mas a Becas era a nossa referência. A nossa obsessão. Para os que tinham namorada, a Becas era sempre uma outra possível. E os que apenas "gostavam" de alguém diziam sempre que "também gostavam" da Becas. Sendo inteiramente sexual, por isso fantasmática, era inteiramente irreal, não entrava em conflito com nada. A Becas era a rapariga que nós queríamos porque nos parecia a mais conforme a isso: um objecto evidente e irrecusável. Penso por vezes que nem existia a rapariga, mas os seus seios (as suas mamas), como se fosse o laço comum da nossa patética masculinidade. Não havendo nada para dizer, as mamas da Becas eram tema bastante.

O sexo, disse. Mas que sexo? Poucos, suponho, tinham uma "vida sexual activa" (como se diz nos formulários). Experiências, curtes, férias, mera aproximação para contar aos outros, para não contar a ninguém, para ver como era, se doía, se merecia a fama. A Becas ficava então com a tarefa de nos servir de musa hormonal. Era, como nas comédias americanas, a boa da turma. Que assim merecia o papel de burrinha, inócua, voraz. Não sei, nunca soube, se era assim. Era, para mim e para os outros, a boa da turma. Era a rapariga com as melhores mamas do liceu. As melhores? As maiores. Enfim, era o mesmo nessa altura. A Becas era o nosso filme porno, a nossa fantasia onanista, a nossa troca de cromos. Se não existia era precisamente por existir mais que todas as outras. Por existir no seu corpo. Gostávamos de acreditar que mesmo os professores estavam malucos pela Becas. Não imaginávamos que alguém ficasse imune. Éramos uns gloriosos selvagens.

Sempre que num *teen movie* aparece a boa da turma, lembro-me da Becas. No modo como crescemos infantilizados por sua causa. Quero dizer: por nossa causa. Fazendo do seu corpo visto mas imaginado a referência, o padrão, o troféu. Não que a Becas fosse totalmente inocente: por vezes deixava que lhe tocassem e sussurrava perversamente o nome do namorado. Namorado oficial, suficientemente mais velho e mais alto e forte para que não houvesse rivais. Ainda me lembro, no começo da escada do primeiro andar, dessa mão de rapaz que a apertava. E a voz dela, lúdica, dizendo o nome do outro, como se o corpo pertencesse a um por direito e a todos por equidade. Víamos estas cenas e corríamos para o balneário. Ó mar salgado, quanto do teu sal. Era a Becas que por vezes nos vinha aos lábios quando o seu corpo era fantasma nas nossas mãos, ou assim contávamos uns aos outros, que nisto tudo a mentira era motor principal.

Sempre que nos dizem (e têm razão) que nada sabemos acerca das mulheres, é da Becas que me lembro. Sempre que nos dizem que nada sabemos sobre a sexualidade feminina. Que gostamos do exagero e da mistificação. Que nos esquecemos de que as pessoas são pessoas. Que brincamos aos fantasmas. Que precisamos de conversas pretensamente másculas sobre a boa da turma, a boa do escritório, a boa do metro, a boa do café, a boa da festa, a boa do cinema. Que uma rapariga é isso: "boa", como se não fosse mais nada, como se um atributo moral pudesse ser definitivamente confiscado por um atributo físico. Umas mamas. As mamas da Becas.

A Becas? Quem era a Becas? Suponho que se chamava Xana. Alexandra. Era uma rapariga. De quem ainda me lembro. Nos lembramos. De quem nunca soubemos nada.

OLHEIRAS

Alguém me convida para um programa de televisão. E lá vou, cara de parvo, dizer umas coisas catódicas. Não entro porém directamente para o estúdio, primeiro dou um salto à maquilhagem. Aí, a cena do costume: meninas em avançado grau de comiseração. De olhos no soalho e umbigo à mostra, ficam à minha roda como mecânicos inspeccionando um carro feito sucata. Não é a minha fealdade que examinam. Estão intrigadas com a minha testa (demasiado alta, demasiado branca, demasiado suada) e sobretudo com as minhas olheiras. É um obstáculo, um desafio. Sorriem: "temos de tratar dessas olheiras". E rapam de cremes, de pincéis, o dedo indicador frenético em volta das minhas bolsas oculares, fundas e escuras, irremediáveis. No fim, fico com o sítio das olheiras, isto é, com olheiras na mesma, mas com olheiras cobertas de unguentos, como um palhaço pobre ou uma bicha rica. E lá vou dizer umas coisas catódicas.

As olheiras são as minhas maiores amigas. Amigas ou inimigas? Qual é a diferença? São minhas como a sombra é minha, e diferentes de mim como a sombra é diferente. São o que eu sou. São um traço distintivo. O gajo das olheiras.

Em salões familiares imaginam estúrdia. Outros, menos equivocados, perguntam se tenho dormido. Outros ainda sempre me imaginam deprimidíssimo. E, no entanto, não é nada disso. Nada disso. Sou olheirento, ponto. Como o meu pai e os meus tios. Vim assim da fábrica. As olheiras fazem parte da minha cara, não reconheceria a minha fronha num espelho sem essas luas crescentes, as veias pisadas, um negrume esticado. É feio? Pois é. Faz as pessoas pensarem coisas? Pois faz. Paciência. Uma vez olheirento, sempre olheirento.

Existem, reconheço, algumas agravantes. Sou extremamente noctívago, gosto de fazer isto e aquilo até ao romper da aurora, vogo em sonos estapafúrdios, descanso mal e porcamente. Mas teria menos olheiras se fosse um petiz Von Trapp, se fosse para a cama às nove da noite com leite e bolachas? Não creio. As olheiras são a minha vocação. E a minha condenação. Mesmo que eu levasse uma vida mais normalzinha, lá estaria o vil semicírculo. Sonos e demais tralha são factores de agravamento, apenas de agravamento. Às vezes estou com mais olheiras. Ainda com mais olheiras. E aí virão as suspeitas do costume, entre a dissolução espermática e a tristeza inóspita. Quando os motivos são bem mais banais. Durante uns anos, foram os cartapácios canónicos. Agora, a net. E, sempre, esse bicho furão, a literatura. Motivos para ficar de pé noite dentro. Com as minhas olheiras. Como se eu fosse o homem da máscara de ferro, encerrado num capacete glauco, que me dá um aspecto sinistro.

Às vezes alguém me diz "estás com olheiras". A frase faz o mesmo sentido que "estás com olhos azuis". Nenhum sentido. Meus amigos: eu não estou. Eu sou. Eu tenho. Eu e as olheiras. As olheiras e eu. Compinchas bravios, compulsando os mesmos volumes, vendo os mesmos sítios, pensando nas mesmas desvairadas parvoíces. As olheiras, marca perene de um macambúzio. De um depressivo urbano. De um triste-figura. Não há foto que resista. Umas vezes fico com os olhos vermelhos. E outras com os olhos pretos. Com as meninas (meninas dos olhos?), nem digo nada. A pança ainda se encolhe, mas isto só com óculos escuros, e não posso andar sempre de óculos escuros. Ainda era confundido com o Abrunhosa. Segundo as revistas femininas, as mulheres olham sobretudo para os olhos dos homens. Soa a treta, da boa, mas imaginemos. Eu, segundo me dizem, estou bem aviado de olhos. Ao menos bem aviado de alguma coisa. Mas os olhos não existem sem a sua circunstância (coitado do Ortega y Gasset). E a circunstância não se recomenda. Como posso deslumbrar uma rapariga ladina com o meu mar das Seicheles, se o azul é sugado pelo buraco negro e fico com uns olhos pretos de Príncipe das Trevas? Como posso sair à rua com estas olheiras, imprestáveis no meio de tudo imprestável, uma gabardina coçada no meu corpo?

Chega disto. Saio mesmo à rua. Vou mesmo à televisão. Converso mesmo com meninas (na medida do possível). Saco do provérbio: o que não tem remédio, remediado está. As olheiras são o meu fantasma. O meu capuz. A minha sombra no rosto. As minhas olheiras. Essas lunetas desastradas.

PROUST EM AGOSTO

Escrevo esta crónica a 15 de Agosto. Começam uns a vir de férias, outros vão de férias: Agosto a meio. Quinze dias apenas, e faltam mais quinze. Uma ninharia, que passa num sopro. Nem sempre foi assim. Ainda me lembro de, na adolescência, existir uma entidade mítica chamada "as férias grandes". As férias grandes, no liceu, eram Julho, Agosto, Setembro, três meses longuíssimos, que metiam praia, campo, avós, tudo e mais alguma coisa. No fim de Junho tínhamos de nos despedir como se fôssemos para as Antilhas. E em Outubro o regresso fazia de nós quase retornados.

As férias grandes. Outra mitologia. Como se o Verão fosse um continente, uma grande massa de terra no meio da água, ou um grande mar interior no meio da terra. O Verão era quase um ano. Com trezentas e sessenta e cinco possibilidades. Às vezes pensávamos que os *Dois Anos de Férias* de Júlio Verne seriam mesmo verdade, que íamos, sei lá, numa canoa pelas polinésias mentais, fazendo tudo, guardando memória de tudo. Mesmo porque as férias grandes não traziam grandes perigos. Quando muito um namorico que deixasse marca mais perene, como um arranhão que a cicatrização nunca apaga. Uma vaga discussão na família que nos levasse a pensar que a família pudesse ser soprada por ventos, como as árvores nas noites mais revoltas. Mas isso era tudo. As férias pareciam uma longa estrada batida de corridas em carreira, uma preguiçadeira, uma laranjada em copo altíssimo. Sempre assim, benignas, muito grandes, fantásticas.

Depois, chegam os anos em que os ventos sopram mais que as árvores nas noites de tormenta. As férias são menos "grandes". Acompanhadas agora de medos maiores, de marcas que não se apagam mesmo. Mas também de uma obsessão em fazer coisas que nos façam, sei lá, adultos, uma coisa assim. É preciso, por exemplo, lermos Proust. A *Recherche* torna-se o grande desafio das férias grandes, mesmo quando as férias não são maiores que Agosto. Começamos pelo lado de Swann, e vamos por aí, raparigas em flor e o mais, até ao tempo reencontrado. Mas que edição leremos? Durante anos, havia apenas uma, que alguém tinha vagamente criticado, e isso deixava-nos suspicazes. Quando lermos a *Recherche* será uma boa tradução. Será, será. O francês, que diabo, não é a nossa segunda língua, e depois há demasiados cortinados e castiçais, era preciso o dicionário à mão. E, além disso, ninguém lê apenas um volume. Sete ou nenhum. Entretanto, escoavam as férias grandes (que iam a meio). Ficava para o ano. Agora, o nosso francês melhorou um bocado, existe a tradução do Tamen, mas agora as férias não são grandes, o vento é tão maior, em quinze dias Agosto vai a meio, quando lermos a *Recherche* será com mais meses à frente e menos angústia. Será, será, um dia.

Escrevo a crónica a 15 de Agosto. A ampulheta do mês vai correndo célere. Agosto não é mais "grande". Os avós morreram. As aventuras são sempre menos venturosas que a imaginação. As marcas são agora uma só marca. E não lemos Júlio Verne, que de resto se chamava Jules. Agosto e as férias grandes são mais uma mitologia que morre. Vou ficando por Lisboa, com o *spleen* do século. Quinze dias passam tão depressa como trinta anos, íamos fazer tudo e não fizemos nada, a não ser ir escorrendo como fazem numa ampulheta os grãos esbranquiçados. As "férias grandes" são tão imaginárias, passadas, fugidias como tudo aquilo em que acreditava quando tinha doze anos e me apeteciam viagens polinésias. Começamos nas "férias grandes", com um medo vago do vento, uma tarde feliz em casa dos avós. Agora só nos apercebemos de que o tempo passa, de que o que conseguimos não é nada, ou se desfaz, dura dez minutos, depois das férias grandes outras mitologias subiram e caíram, como papagaios de papel, enquanto lá fora também se deixou de acreditar em quase tudo, ou em quase nada, não sei como se diz.

Agora tenho na estante quatro edições de Proust convictamente à minha espera. Não sei se será desta. Provavelmente não. Mais tarde ou mais cedo será. Ao que parece, Proust reencontrou o tempo perdido. E eu tenho de descobrir o segredo.

GABRIELA, UMA MEMÓRIA OLÍMPICA

Faz agora, parece mentira, vinte anos. Eram os Jogos Olímpicos de Los Angeles 1984, os únicos que segui metodicamente. E desde 1984 que trago essa imagem de um atleta que não desiste. Que não desiste contra a lógica. Contra o seu esgotamento. Mesmo contra a sua saúde. Um corredor da maratona exausto, que continua, que recusa o abandono, que corta a meta mesmo que entretanto tenham fechado as luzes do estádio. Nunca soube como se chamava.

Agora, para escrever a crónica, recorro a um amigo mais sabido em matéria desportiva. E tenho uma surpresa. O atleta era uma atleta: Gabriela Andersen-Scheiss, suíça, trinta e nove anos. Sou de todo incapaz de recordar a cara e o corpo. E nem sei se seria bom. Sei que Gabriela correu a maratona, nesse ano de 1984, e que não aguentou o esforço físico. Estaria lesionada? Ressentiu-se de algum toque ou queda? Ou foi simplesmente um esgotamento? Não sei. Apenas me lembro de Gabriela (recupero assim esse nome perdido) arrastando penosamente o corpo atlético mas derrotado, dando voltas lentas e sem esperança num estádio americano, com toda a gente a clamar pela desistência ou a clamar por coragem. O público, os colegas, o médico. Essas imagens estão vivas na minha memória, e não gostava de as rever, não fosse alguma aparecer desconforme. As coisas devem ficar como nos lembramos, não necessariamente como foram.

E, no entanto, existe esse facto estranho e indesmentível de me recordar erradamente de um homem e não, como devia, de uma mulher. Sendo que os homens, nem se compara, desistem muito mais facilmente. A minha proverbial má desmemória não explica tudo. É possível que durante vinte anos me tenha lembrado de um homem apenas porque sou homem. Eu imaginava, na minha memória falseada, que o atleta da maratona heróica era um homem apenas porque fui ou gostava de ter sido assim, continuando para além do cansaço e do desânimo. Mesmo na analogia mais literal: sempre um farrapo fisicamente, também me arrastava em qualquer prova física, na altura do liceu, sempre em último, sempre a morrer, sempre motivo de gozo. A garganta seca, o coração a bater, uma picada nos rins. Mas isso era o menos. O que me acalentava, no meu teatro privado, era pensar, cada vez que me apetecia desistir, nesse atleta da maratona, que não tinha hipótese de recordes, medalhas, classificações: queria apenas terminar a prova. Chegar ao fim. Ainda que desse um triste espectáculo. Ou nada triste, um espectáculo de determinação. Para quê terminar a prova assim cambaleante, amparado? Precisamente: para chegar ao fim. Se se corre a maratona, não se desiste da maratona. A desistência é que é um espectáculo triste, mesmo se ninguém dá por nada, mesmo se quem desiste o faz de mansinho, abranda e desaparece. Mas correr a maratona, quando o corpo não aguenta a maratona, isso vale a pena recordar por vinte anos.

E isso era decisivo para mim, que tenho propensão para a desistência. Já era assim, talvez, em 1984, quando assistia na TV aos Jogos Olímpicos de Los Angeles, durante umas enormes férias grandes. E foi sendo cada vez mais. Estamos preparados para, digamos, uma maratona. Andamos nos treinos. Existe uma expectativa. E um público que vem ver, um público que nos observa. Se as coisas correm mal, o abandono é sempre o mais fácil. O mais lógico. Assumir o fracasso e sair de cena. Da maratona e de outras maratonas. Sempre soube que havia isso: primeiro abrandar, ficando para trás, depois sair da pista, seguir para o balneário, fazer a mochila, ir embora. Não têm conta as vezes que me apeteceu abandonar a maratona. E então, lembrava sempre esse atleta que agora sei que era uma atleta e se chamava Gabriela.

Eu era uma criança, quase adolescente, e via incrédulo uma pessoa que teimosamente prosseguia, a passo, quase num colapso. Sei agora que ficou em trigésimo sétimo lugar, que foi para o hospital mal acabou a prova, que teve alta duas horas depois. E sei agora que se chamava Gabriela Andersen-Scheiss, suíça, trinta e nove anos. E eu, sempre em trigésimo sétimo lugar ou abaixo disso, ia recordando o atleta (com o sexo trocado) nessas tardes e noites melancólicas na saleta da TV em Agosto de 1984 e muito depois. Faz agora, parece mentira, vinte anos. Continuo grato, Gabriela.

O OUTRO MEXIA

O meu apelido tem dado azo a conversa. E com razão: "Mexia" não lembra ao capeta. Mas o onomástico geralmente suscita apenas uma laracha de ambiguidade sexual. Geralmente, mas nem sempre.

Eu explico. Quase toda a gente fez, uma ou outra vez, uma pesquisa com o seu nome no motor de busca Google. Com o Google, se o nosso nome foi referido a propósito ou a despropósito, rapidamente chegamos lá. Quando procurei o meu nome pela primeira vez, ia caindo: umas (nem sei) trinta mil (30 000) ocorrências. Era impossível. Então fui vendo, página a página, de que se tratava. Dos trinta mil "Pedro Mexia" que apareciam, apenas uns 30 (trinta) eram sobre mim. Uns 300 remetiam para a palavra "Pedro" usada com o tempo verbal "mexia" (o Google mistura maiúsculas e minúsculas). E vinte e nove mil seiscentos e setenta (29 670) diziam respeito a *um outro Pedro Mexia.*

Fiquem com um verbete sacado precisamente duma dessas páginas que o Google menciona (e vai em espanhol e tudo): "*Pedro Mexía (Sevilla, h. 1500-id., 1551). Escritor español. Estudió humanidades y leyes. Ocupó vários cargos en su ciudad natal y mantuvo correspondencia con Erasmo, Luis Vives y Ginés de Sepúlveda. En Silva de varia lección (1540), obra miscelánea influida por Macrobio, Valério Máximo, Virgilio, Plutarco y, sobre todo, Plinio, trató los temas más dispares. Trás esta obra, con la que obtuvo un importante éxito e influyó en Mateo Alemán, Cervantes y Montaigne, redactó Historia imperial y cesárea (1545), que repasaba la vida de varios emperadores. En 1547 publicó sus Coloquios, donde ofrecía un vasto recorrido por todos los conocimientos de la época a través de las conversaciones que mantienen varios personajes. Apasionado por la historia, que supo analizar con rigor y objetividad, en 1548 escribió una Historia de Carlos V, que dejó incompleta.*" Como vêem, é mesmo *outro Mexia.* O original. Do qual eu sou, portanto, uma imitação barata, com a desvantagem (definitiva) de não possuir a menor erudição e com a vantagem (provisória) de estar vivo e ele morto.

O nome, de facto, não me era estranho. Dei com ele, há uns bons dez anos, numa novela de Camilo, *A Doida do Candal.* Camilo era muitíssimo lido em autores eruditos, os quais por vezes citava, quase como divertimento. Em *A Doida do Candal* lá estava uma epígrafe, com o nome do autor ("Pedro Mexía") e a obra *(Silva de Varia Lección).* No meu exemplar (manhoso), está uma veemente anotação a lápis, como quem exclama "essa agora" e faz uma nota para mais tarde. Na prática, porém, nunca mais me tinha recordado do fatal Mexía. Até ao episódio Google. E aí, o diabo do homem ficou o meu fantasma. Não aparecia pela primeira vez, mas voltava agora de forma inusitada e assustadora.

Eu sabia que "Mexia" (apelido materno) tinha origem espanhola, mais precisamente galega. Mas não estava preparado para encontrar um Mexía (Pedro) espanhol, com obra publicada e tudo. Numa palavra: um usurpador.

E obviamente o usurpador era eu, indigno usuário de nome canónico, o qual talvez me impedisse, deontologicamente, de assinar desse modo. É verdade que ninguém (excepto uns vetustos iberistas) sabe quem é *o outro Mexia.* Pelo menos nunca ninguém me fez o reparo: "mas esse é um humanista espanhol". De um modo geral, as pessoas perguntam apenas "porque é que deixaste de mexer", e ficam encantadas com a suspeita absurda de serem as primeiras que se lembraram de tão subtil laracha. Mas o facto de não me apanharem na minha usurpação apenas a torna mais grave. Disto não podemos fugir: Pedro Mexía (1500-1551) foi um notável humanista, figura inescapável na história da cultura. E o outro (eu) será apenas recordado por dois bibliotecários e uma professora do liceu por causa de uns poemetos. Quer dizer: o outro (o espanhol), para além de ter nascido (e morrido) primeiro, alcançou uma grandeza a que eu nunca chegarei, o que faz inevitavelmente deste Mexia modernaço um bicho da terra tão pequeno.

Que fazer, como diria o soviete supremo? Se me estou a locupletar com um epónimo indevido, devo proceder a uma renúncia pública? Ou basta esta confissão em papel de imprensa? Não sei. Não me decido. E continuo, pelo mundo, com nome roubado.

A PÁTRIA EM CUECAS

O Serviço Militar Obrigatório terminou em terras lusas na semana passada. Não serve este texto para uma discussão política acerca do modelo mais adequado a uma defesa nacional eficaz. Como terão reparado, nestas crónicas são apenas as experiências pessoais que contam. E a minha experiência com o SMO não foi boa. Com o SMO é como quem diz: com o bocadito que me calhou, de seu nome "a inspecção".

A perspectiva de vestir a farda não assusta toda a gente. Conheço algumas pessoas que gostaram da recruta, mesmo que a tenham tomado apenas como uma obrigação. Mas eu, meus amigos, não queria mesmo nada marchar pela Nação. Durante o curso universitário ainda fui metendo os "adiamentos" da praxe. Mas, com o canudo em casa, era chegado o momento de mostrar a minha carcaça à República. E lá marchei, duas manhãs seguidas, para o quartel da Ajuda. Umas centenas valentes de "mancebos" arribaram comigo calçada acima e foram entrando. Uns trezentos rapazolas, rebanho de ganga e caspa, assustados como se subissem para o comboio-fantasma. A tropa mete medo. Ainda assim, um ou outro miúdo aparentava um rosto divertido (ou uma máscara divertida). Já três ou quatro militantes olhavam para os militares e faziam cara de quem tivesse sido convocado à presença do *Duce*.

Depois de uma espera enervante, um tenente (acho que era tenente, mas nunca atino com a patente) narrou mais ou menos o programa das festas. O tom de voz era um bocadinho escusado, vietnamita. A rigidez marcial foi recebida com risos surdos e risos francos, sempre que uma nesga do discurso o permitisse. Dois maduros alegaram que tinham sido operados a uma apendicite. O tenente disse que não fossem parvos. Os grupos foram separados e começou a bateria de testes. Dois dias de testes. Os cerebrais incluíam geometria em movimento e outras dificuldades. Os de destreza implicavam acertar em alvos e uma reacção rápida a sons e luzes. Falhei em quase tudo (e não fiz de propósito). Depois, num questionário sobre aptidões, fui respondendo que não: não sabia montar a cavalo, não sabia consertar um cano, não sabia montar um rádio, não sabia subir por uma corda, não sabia nadar de costas, não sabia soldar uma porta, não sabia cozinhar, não sabia karaté. O interrogante exclamou: "Mas você não sabe fazer nada." Era um facto. Deu uma olhada à minha ficha: "Ah, estudou Direito." Um tenente irónico, que bênção. Então perguntou se eu queria "servir". Eu, de olho húmido, arrisquei que não, não queria "servir". Anotou, sisudo.

Chumbadíssimo, era o que era. O exército compreendeu sem espinhas que eu tinha menos uso que um frigorífico no Alasca. O aperto na barriga passava. Eu, um individualista, um calão, um decadente, estava safo. Ou quase. Sobrava uma última fase: testes físicos. E foi uma coisa patética. Lançaram a ordem optimista: "Quinze flexões e trinta abdominais." Mas eu à segunda flexão estava tecnicamente morto e nem passei aos abdominais. Os senhores fardados abanaram a cabeça com desdém. E eu radiante com tanto fracasso. Os testes médicos foram a prova final. Ia, como todos, munido de todas as minúsculas enfermidades desde os dois anos, todos os atestados, entorses, comprimidos. Em fila para o médico, mandaram-nos despir. Ficou tudo de cuecas. E lá estávamos, cinquenta fulanos descascados, tentando descontrair com piadas sobre barrigas e pichotas. Se a Pátria nos queria de cuecas, quem éramos nós para desobedecer? Nesses minutos, só me lembrava de que a inspecção do meu pai foi em nu integral. Mas isto também não era bom. Lá estávamos, um corredor de homens pelados, de homens forçados, num "rito de passagem" caduco e dispensável. Despachado o doutor, fomos para casa contar a saga.

A minha fé na solidez das Forças Armadas ficou abaladíssima quando soube que tinha sido considerado "apto". Apto? Se a República Portuguesa me considera "apto" para defender o rectângulo, bem podem mandar avançar os tanques espanhóis. Felizmente, o meu salvífico ano de 1972 lançou-me para a "reserva territorial". E safei-me do fatal SMO. Embora, reconheço, sem a classe do meu avô. O meu avô, quando viu o nome nos editais (estávamos em plena bagunça republicana) escreveu apenas "falecido" na pauta. E nunca o chamaram.

OS MALUCOS LITERATOS

Os malucos literatos nunca falham. Estão sempre presentes. Em apresentações de livros, debates, mesas-redondas, encontros, sessões de autógrafos. E mal lhes é dada a palavra, disparam e disparatam com o que lhes venha à cabeça. Fazem perguntas incompreensíveis. Desenvolvem teorias conspirativas. Elogiam o povo palestiniano. Citam Savater. Dizem a alguém da mesa que não perceberam. Contam uma história passada em Moçambique. Lêem alto um textinho escrito para a ocasião. Criticam as editoras. Invocam Jesus Cristo. Confessam que vieram apenas acompanhar a prima. Garantem que não vivemos em democracia. Dão novas de que o fim do mundo está próximo. Pedem sugestões bibliográficas em galego. Elogiam os rissóis de camarão. Ou exclamam simplesmente, como na *Canção de Lisboa,* "vamos embora, que isto é tudo uma grande aldrabice".

Na verdade, poucos são os eventos mais ou menos literatos que não contam com a intervenção de um maluco. Numa livraria, numa galeria, num café, num auditório. São geralmente fáceis de distinguir. Quase sempre homens. Os sessenta anos predominam. Mas também os há mais novinhos. Transportam pastas com papelada infecta. Usam um chapéu suspeito. Estão com auriculares. Meias trocadas. Um crachá do MDP/CDE. E, claro, sacos de plástico. Maluco que é maluco adora sacos de plástico. Entramos na sala e lá está ele, rodeado de sacaria. Vinte e cinco minutos depois, quando a sessão entra na fase das perguntas, o maluquinho pede o microfone e diz: "Essas coisas são todas muito bonitas, mas." E sai um protesto descabelado. O mais notório, nestes solilóquios dos malucos, é que nunca dizem nada minimamente adequado ao evento. Se for a apresentação de um calhamaço sobre heráldica, o maluco evoca Jorge Amado. Se for uma conferência sobre música dodecafónica, denuncia o efeito de estufa. Outras vezes, o maluco tem uma agenda mais explícita, porque pertence a determinada tribo: é amigo de Olivença, defensor dos transexuais, paladino do Bandarra, benfiquista, adversário da tourada, praticante do grafiti, situacionista dissidente ou, claro, admirador do Professor Salazar. Grande parte dos malucos literatos (grande parte dos malucos em geral) são salazaristas funcionais, nostálgicos da "ordem nas ruas" e outros remansos, característica que partilham com a maioria dos taxistas.

Não sei se isto será assim em todo o lado. Lisboa tem muita gente amalucada. São os famosos "loucos de Lisboa". Que vociferam sozinhos pelas avenidas, despenduram a genitália, partem os vidros. Mecânicos grunhos, velhas bisbilhoteiras, senhorios sinistros. Uma infindável galeria dickensiana de chanfrados. E, de entre esses muitos, existe um reduzido mas activo contingente letrado. Que está presente na FNAC, na Bertrand, nas Galveias, na Cinemateca, no CCB, na Sociedade de Geografia, no Bairro Alto, em toda a parte. O maluco nunca falta. Aparece, chega sempre cedo e sai sempre cedo. E, um pouco antes do fim da sessão, debita a diatribe sobre "as cunhas" e "os americanos". Ou outra do catálogo. São muitos os casos. Uma vez, numa sessão de poesia com autores estrangeiros, um fulano avançou para o microfone com um poema "da sua autoria", visto que na sala não estava representada "a Madeira". Noutro evento, um esgrouviado perguntou se alguém na mesa era da maçonaria. Numa homenagem a um escritor octogenário, um velhote disse aos berros: "Não vim aqui para esta palhaçada." Num lançamento, um miúdo todo furado veio na minha direcção afirmando que tinha de dar à estampa os seus escritos íntimos senão "era puxado para o buraco". Num recital, um cavalheiro vociferou: "Que vergonha, isto é lá poesia." E na apresentação de um romance perguntaram ao romancista de que marca era o relógio de pulso que trazia.

Com o hábito, os membros da mesa e o público dão o devido desconto. Se não estivessem acostumados, ainda alguém se enfurecia. Assim, toda a gente encolhe os ombros ou ri mansamente. E a coisa passa. Mesmo porque depois de botar faladura, o maluco literato vai logo embora, aos estremeções alucinados, abotoando a gabardina gordurosa, agarrado a uma pasta e aos três sacos de plástico. Um do *Expresso,* outro do Kit Market e outro do Jumbo.

BERGMAN NO IKEA

Fui com a namorada ao IKEA. Eu próprio me espantei. Não era muito provável dar comigo nesse local. Fora de mão, muita gente, muita família, tudo demasiado concreto e burguês. Sou um snob, pois sou. Mas lá fomos, quase matrimoniais, inspeccionar a novidade e as cómodas. Um mar de lisboetas e suburbanos, carros por todo o lado, formiguinhas dominicais. E nós formigas também, preventivamente irónicas, dizendo que "família feliz" é um prato de restaurante chinês.

O IKEA é uma cadeia sueca de mobiliário e artigos para o lar. Com *design* estiloso e preços acessíveis. Eis como se apresentam: "Desde o início, a IKEA escolheu um caminho diferente. Decidimos estar ao lado da maioria das pessoas." Segundo um amigo meu, "IKEA" quer simplesmente dizer "Moviflor" em sueco. Cadeiras e cozinhas para o povo, embora um povo classe média. A "maioria das pessoas", em resumo. Legiões de pais e mães e filhos, avós extremamente simpáticas e alguma tia a reboque. O matrimónio e o parentesco derramados pelos corredores. Aqui uma mesa com um candeeiro. Depois uma série de beliches. Mais à frente uma catrefa de armários para a louça. O IKEA é a apoteose do quotidiano, onde é que pagamos, aquele sofá ficava mesmo bem na salinha, ó Rita não te percas da mãe, trouxeste a fita métrica? É uma grande tenda do consumo razoável e desrazoável, um hipermercado da normalidade, a coroação de uma vida comum e desafogada. Lá segue o comboio das famílotas, iguais umas às outras na sua felicidade e diferentes umas das outras na sua infelicidade. Confesso que não iria ao colosso de Alfragide sozinho. Só se visita um armazém destes se estamos mais ou menos bem no departamento cama e pucarinho. Sob pena de apanharmos com um tremendo vexame. Indo com a namorada, sempre tinha esse respaldo. Ombro a ombro, fazíamos de conta que mobilávamos a nossa existência, fazíamos de conta, em arriscado salto de cavalo, que a noção de "casal" ganhava corpo, ao ponto de precisarmos de bancos de cozinha e espreguiçadeiras. E seguíamos, animados, pela ala central, ou em desvios, experimentando, num teatrinho doméstico e à vista, os sofás de napa.

O IKEA tem uma particularidade divertida. Os móveis ostentam todos nomes suecos. Só me lembrava do cozinheiro dos Marretas. É o guardanapo de papel Arv Idyll, os copos Groggy, a almofada Nabben, o pavimento Hemse, o sofá-cama Ekeskog, a caixa com tampa Gullarp, o colchão Sultan Forsbacka, o espelho para toucador Myken, o porta-lápis Fniss, os pratos Glasklar. E tudo isto nas suas variações de tamanho e preço. Como se as coisas fossem também uma família. Pensei na famosa trupe de actores nos filmes do sueco Ingmar Bergman. Sou um bergmaniano assumido, e francamente gostava de levar para casa um divã Gunnar Björnstrand, uma secretária Liv Ullmann, um candeeiro alto Harriet Andersson, um tapete Max Von Sydow, um castiçal Ingrid Thulin, um canapé Erland Josephson. Ingmar Bergman no IKEA? Que ideia bizarra. A cultura é uma mania embaraçosa ao pé de evidências tão transparentes como uma base para copos ou um cabide. Se repararem bem, as estantes estão cheias de uns livros estranhíssimos, feitos de propósito, livros para exposição, livros IKEA que servem apenas para preencher o espaço, servem de mostruário, de imaginação imediata de uma sala burguesa com a vintena de volumes próprios da burguesia.

No meio das famílias aparentemente felizes e dos livros aparentemente reais, as formigas irónicas não compraram nada. Pensavam numa parede nua. Pensavam em Ingmar Bergman. Pensavam na rotina. "O cesto do pão está um bocado velho", deixa ver se os suecos têm algum que me sirva. Os suecos não têm tudo? Não são a felicidade social-democrata encarnada? Um capitalismo progressista sem lacunas? Os suecos não vivem no paraíso? Lembrei-me dos Divine Comedy: "*I would like to live in Sweden / When my work is done / Where the snow lies crisp and even / 'Neath the midnight sun / Safe and clean and green and modern / Bright and breezy, free and easy (...) I am gonna live in Sweden / Please don't ask me why / For if I were to give a reason / It would be a lie.*"

O HETERO

Acho que só conheço um heterossexual. Explico: se um hetero é alguém que se sente "sexualmente atraído por pessoas do sexo oposto", então só me lembro de um. Um homem que se sente sexualmente atraído por mulheres, ponto. Por todas as mulheres. Pelas mulheres todas. Sem excepção, sem discriminação. Se era mulher, o tipo gostava. Velhas, novas, magras, gordas, espertas, estúpidas, feias, bonitas. E não sei se isso causava mais pavor ou mais admiração entre amigos e conhecidos.

Não nego que o homem gostasse mais de beldades. Como toda a gente. Mas não lhe fazia grande diferença. Desde que fosse mulher, "marchava" (cito). Para o hetero total, a mulher era alguém diferente, diferente dos homens, e isso bastava. O que lhe interessava não era a característica tal, mas a condição feminina (no sentido biologista), sendo que dispensava teses sobre a "construção social do género" e as páginas doutas de Badinter e Cixous. No entanto, não desdenhem da propensão feminista do insólito cavalheiro. Reparem: para este hetero, uma mulher era uma companheira afectiva e sexual, e não um item para mostrar aos outros homens. Não era um troféu. Não era uma forma de prestígio e macheza. O senhor era totalmente indiferente ao que pensavam se o vissem a entrar no café de braço dado com um mamute vesgo. Estava com uma mulher. E isso, para ele, bastava.

Kundera escreveu que existem duas estratégias ou duas configurações do femeeiro: o que acumula mulheres para experimentar a diversidade do feminino e o que acumula mulheres para esgotar a diversidade do feminino. A tendência masculina para a promiscuidade fica assim com esta carta de nobreza passada pelo romancista checo. E vem sempre a propósito um aforismo sobre o "eterno feminino" em Goethe. Mas essa taxinomia letrada não elimina a certeza de que o homem é uma criatura essencialmente predadora (na sua componente inata) e essencialmente competitiva (na sua aculturação como macho). O hetero que eu conheci certamente não problematizava essas matérias. Ele gostava de mulheres. E andava com todas as mulheres que podia. Por pura predação, com certeza. Mas não por instinto competitivo. Afinal, qual é o homem que se vangloria, entre os amigos, de andar com uma mulher feiíssima? Para este hetero (o único que conheci), uma mulher não era uma mercadoria. Era apenas uma mulher. Os seus atributos não contavam. Pensava certamente que mais vale mal acompanhado do que só. Excepto que, para o hetero, "mal acompanhado" era uma categoria espúria. Um homem acompanhado de uma mulher estava sempre bem acompanhado. Um homem sem uma mulher estava sempre mal acompanhado, isto é, só.

O que me interessou nessa figura (que possuía muitas outras facetas dignas de crónica) foi o seu total desprezo pelas regras sociais. A sua indiferença à glória e à troça. Para o hetero, isso de se "sentir sexualmente atraído por mulheres" era uma evidência. Na altura em que o conheci, passava na TV o magnífico *Seinfeld*. Se bem se lembram, Seinfeld representava o heterossexual no sentido muito específico. Só se sente "sexualmente atraído" por mulheres lindíssimas. E só para dar umas voltas. Quando vislumbrava o menor defeito (a maneira como ela apertava a pasta de dentes ou outro disparate desses), perdia o interesse. A personagem "Seinfeld" (e, segundo se diz, o próprio Jerry Seinfeld) não mostrava nenhum fascínio pelas mulheres em geral, mas apenas por essa elite quase impossível, as mulheres fisicamente perfeitas, que ia acumulando porque se interessava "pouco pela paixão" e muito pelo sexo (grande disparate, segundo o hetero, pois as mulheres feias são óptimas na cama, "por gratidão", dizia).

Sendo duas personagens (uma verdadeira e outra imaginada ou transfigurada), o tipo que eu conheci e o Seinfeld da série homónima eram tão diferentes que não podiam pertencer à mesma categoria. Um, o fulano de que vos falei, era um hetero. E o outro, Seinfeld, era um hetero doentiamente selectivo. No fundo, não era de mulheres que ele gostava. Gostava afinal de quê?

Ó CARECA

Acabado o corte, o barbeiro passeia o espelhinho pelo meu cocuruto e garante que este penteado sempre tapa a careca. Assim mesmo: "a careca".

Eu vou ao mesmo barbeiro desde sempre. A salinha, na Avenida da República, acompanhou toda a minha biografia. Desde o cabelo lourinho da infância ao cabelo acastanhado e tristonho. Passando pela trunfa, o rabo-de-cavalo, o corte curtinho. E agora, com simpática brutalidade, a referência, quase ocasional, à minha careca. Soube então que envelhecera naquela cadeira giratória. Naquela sala lisboeta com porta para a rua, soube que fui um menino e agora sou um careca.

E não digam que o início da calvície não faz de mim imediatamente um careca. Claro que faz. Sou um careca. Mesmo que ainda mantenha fartos tufos disseminados, existe no sótão, lá onde nem alcanço, uma razia. Em espelhos, dou conta do estado penoso: um descampado crescente, visível, embaraçoso. Começar a ficar careca é estar careca. Um sinal tão óbvio para quem nos vê como se usássemos um chapéu com plumas. As pessoas comentam: "Estás a ficar careca."

O mesmo substantivo para a coisa e para o tipo que sofre a coisa. O careca e a careca. Estou a ficar, estou, sou um careca. As pessoas reparam. Comentam. Encontro um colega da faculdade que não cumprimento, sei que pensa e diz para a esposa, que velho está, que carcaça, imagina que este tipo chegou a usar rabo-de-cavalo.

A alguns acontece mais cedo e a outros mais tarde. Reparo em cavalheiros vetustos mas intactos, magníficos. E eu, ainda cara de puto e com um aeroporto grotesco na nuca. Uma devastação feiíssima, como a serra que arde nos fogos estivais. Uma lástima. Lá em cima, longe da vista, mas visível para todos. O primeiro sinal irrevogável de que os anos passam, passaram, num instantinho estamos mais velhos, estamos velhos. Ficamos carecas e logo depois somos carecas. Mudados pela passagem do tempo, que nos muda de condição. Ainda ontem era um menino de escola e agora olhem para ele, acabado e careca. Ainda ontem era um menino.

Sobretudo, não me animem. Não me digam que o pai e o tio e o primo. Bem sei. Mas este cabelo é meu. Ou era. Esta careca é minha. Não me digam que fico bem. Só o Yul Brynner é que ficava bem. Não me digam que é digno. Digno é ter cabelo, é o cabelo que eu tinha aos quinze anos, que ainda tenho nos álbuns de fotografias. Não me digam que é dos carecas que elas gostam mais. A calvície não muda assim um homem, e gostar de mim sempre gostaram, mas com a ternura casta e fungível com que se gosta de um careca.

Que fazer com esta careca? O meu reino pelo meu cabelo, cabelo que caía em cascata na salinha da Avenida da República, o cabelo trinta anos varrido porque sobrava muito. Agora, cada vez sobra menos. A careca alastra. Cada vez mais frio lá em cima, mais chuva estupidamente a pingar em cima da cabeça, em cima da careca, em cima de mim. Rapidamente, de década em década, danos irrevogáveis. Este cocuruto desabrigado. O couro ralo que outrora se chamava cabeludo. Uma coisa estúpida, destinada pela biologia. Mais velho, envelhecido, velho. Se isto não era grande espingarda, agora é cada vez mais lamentável. O barbeiro levanta o espelhinho e garante que me camuflou a careca. Diz a palavra sem ênfase. Cabelo que existia no cesto da gávea, cabelo em emanações incessantes e irresponsáveis. Varrido para uma pá como a adolescência. Agora o espelhinho, implacavelmente de década em década, de ano em ano. Desde que comecei a ir sozinho ao barbeiro da Avenida da República dizia: é para deixar mais à frente e cortar atrás e dos lados. Agora, por favor, é para deixar alguma coisa atrás. Ou no alto. Ou lá onde é, que só sei por causa dos espelhinhos e das tias e do colega de faculdade que nem cumprimento.

Não me ponho a unguentos, revitalizações, massagens, palhaçadas. Perdido por cem, perdido por mil. Mil cabelos na cabeça. Diz a Bíblia que Deus tem contado o número dos nossos cabelos. Que impressão isso me fazia. Em breve, serei eu próprio capaz de contar os meus. Começo agora a contar. Os cabelos nascidos, cortados, varridos e caídos. Conto os meus cabelos na Avenida da República, na salinha com porta para a rua. Conto e são cada vez menos. São, de década em década, cada vez menos. É assim. Estou farto de saber isso. Ou melhor: estou careca de saber.

A FESTA

Não gosto mesmo mesmo nada de festas. Dado o meu défice social, uma festa para mim é como uma maratona para um incontinente. Desta vez, porém, fui a uma festa. Uma comemoração de aniversário organizada por um canal de televisão. O meu grupo e eu conseguimos entrar sem convite. Era num local ribeirinho vagamente colonial e com pista de dança. Eu chego a um sítio destes e parece que estou com ceroulas na cabeça: fico conspicuamente ridículo e fora de tom. Vou avançando, escudado nos meus companheiros, por entre a massa fremente e alegre. Para mim, estar no meio de um monte de gente que se diverte na noite é como frequentar aquela festança em Espanha em que se atiram tomates. Uma coisa simpática e viscosa, certamente muito atraente, mas definitivamente estranha para o meu corpo e a minha disposição.

O canal em causa tem o melhor corpo redactorial da televisão portuguesa. Aquilo parecia um *casting* para um anúncio da Martini. Escorreguei aí dezoito vezes em decotes. E apanhei pelo menos duas multas de estacionamento em olhos verdes. Ia beberricando gim tónico (ou vodka limão), dizendo parvoíces quando me perguntavam alguma coisa, cumprimentando quem me cumprimentava, comentando com a homenzarrada o notável mulherio (com nota técnica e nota artística). De vez em quando, alguém apontava com a cabeça na nossa direcção, penso que por causa do nosso estatuto de "penetras" (no sentido brasileiro). Mas em geral éramos mais ou menos ignorados. Os meus companheiros de programa ainda conheciam pessoas. Eu não conhecia quase ninguém. Ficava quieto e calado. Ou ia vogando, de copo na mão, entre folhas de palmeira e cadeiras de verga. O pessoal começava a dançar. Os anos oitenta dominavam a escolha musical. Como ainda sou dessa década, fiquei enturmado por uns minutos. Cheguei ao horror máximo de dançar (de abanar o tronco) como compensação póstuma, pelas vezes em que nunca dancei nos anos oitenta. O meu estatuto de convidado desconhecido e o meu físico de pirâmide de Gizé alquebrada permitiam que me movimentasse à vontade pelo escuro pontuado de luzes. Reconhecia as caras da TV e ficava impressionado. Cutucava um dos meus amigos: "Aquela giríssima, como se chama?" O meu amigo fazia cara de "essa nem que fosses o ministro tal", e dizia que sim senhor é bem pensado. Ficávamos ambos conformados. De repente, ao meu lado está a menina que anda à volta do mundo. Muita viagem a Kiribati papei eu para ver a menina. Sinto-me como se conhecesse um prémio Nobel. Que *frisson.* Que FriSumo. Espio o namorado da moça. Parece simpático. Parece normal. Dou a minha aprovação bacoca. Dou graças a Deus. Ou a Kiribati.

Há gente aos pulos. Uma equipa com uma câmara filma celebridades. Dessa estou safo. Uma rapariga extremamente pernilonga olha para mim como se me fosse dar esmola.

Ou isso ou tenho o fecho aberto. Do outro lado, muito calada, uma portuguesa com aspecto de letã. Deve ser amiga de uma amiga de uma amiga. Sorrio para o copo, a testar a dentuça antes de sorrir para a letã. Quase perdulariamente loura, com olhos mais azuis do que o céu lá fora. A letã olha para mim como se eu fosse um jarrão (e sou). Derrotado, regresso à pista. A Joana (minha única amiga no pedaço) pergunta se estou tristonho. Sugere que eu me desiniba. Para mim, essa coisa da desinibição é como mudar de sexo: há quem o faça, mas a mim nunca me deu para isso. A Joana lá consegue que eu dance mais um bocado, espectáculo grotesco que notoriamente assusta a pista. Pastilhas para o enjoo passam de mão em mão. Passa também (mas não de mão em mão) a Andreia, com uma minissaia que parece o tratado de Versalhes. Passa um rapaz da Economia, que me diz simpaticamente que gosta das crónicas. Agradeço, mas atribuo a simpatia ao Absolut. Abano o tronco para o outro lado. Pareço o rinoceronte papal. Na pista, como estamos numa festa, toda a gente está em festa. Mesmo os apresentadores da política internacional, esgolaimados e liceais. Entretanto, a loura está a conversar com um fulano que mal vislumbro e veste o casaco. Faço figas para que não se vá embora. Distraio-me cinco segundos e já se foi embora. Bebo uma cerveja. Sempre é diurética.

O GINÁSIO

Depois de três pessoas na minha rua me terem confundido com o vidrão, decidi entrar para um ginásio. À partida, nada me era mais desagradável. Mais facilmente me apanhavam num congresso de professores de matemática. Um ginásio é uma espécie de tropa civil, com manobras, disciplina, esforço e patrulhas. E um dos momentos altos da minha vida foi quando me safei da instituição castrense. Iria agora voluntariamente para outras forças armadas, sem ninguém me obrigar, e ainda por cima pagando por isso? Nunca.

Mas o facto é que a minha carcaça tinha triplicado, o que não só desfeia como puxa pelo coração. Não era apenas o tamanho elefantesco: era estar claramente à mercê de um fatal engasgo. Jurara que não me inscreveria num ginásio excepto se abrisse um mesmo à minha porta: quando inauguraram um ginásio no bairro senti que era um sinal. Lá me associei ao clube, preenchi a ficha, fiz uns testes, ganhei direito a chave, cartão e toalhinha. Foi estabelecido um roteiro de exercícios só para mim. Bicicleta, passadeira, remo, flexões e outros trabalhos forçados. Na primeira vez que entrei no ginásio, ridículo de calçõezinhos e meiinha, senti que preferia estar num congresso de professores de matemática. Passei o liceu a evitar todo o tipo de exercício compulsivo. E passei a década seguinte em quase total sedentarismo. Era um perigo para a saúde pública. Um inimigo público denunciado pela OMS. Recebia telefonemas obscenos do Prof. Fernando Pádua. E agora o pária, o grotesco, o imóvel, estava de perna esbranquiçada à mostra, barrigudo no meio de uma sala cheia de máquinas de tortura.

Biciclei, passadei, remei, flecti, suei, arfei, senti as costelas e os músculos lombares exaustos, beberriquei água, fiz mais exercício do que nos dez anos passados. Derreado, sentado contra uma parede, verifiquei porém que só tinham passado *dez minutos.* Ainda faltavam cinquenta. E mais três vezes sessenta minutos por semana durante dois ou três anos. Senti que não conseguia, que era impossível, que o exercício físico me era constitucionalmente interdito. As pessoas ao meu lado faziam os seus deveres com aparente facilidade, mesmo os matacões do meu tamanho. Gostavam daquilo, traziam fones, fitas no cabelo, garrafinhas de Isostar. E eu morto, com as tripas a saírem pela boca, os membros dormentes e os ossos a ranger. Lá me arrastei mais cinquenta minutos, a pedalar, a correr, a puxar os joelhos contra o peito, em figuras tristes que faziam atletas circunspectos espiar o meu penoso circuito com compaixão e gozo. Quando o gongo deu a hora completa, tropecei até ao balneário, murmurando as minhas últimas vontades. Estava oficialmente morto, e era apenas a primeira e suave série de uma infindável jornada que me ia reduzir a proporções humanas e diminuir o risco de morrer aos quarenta e cinco anos com um enfarte.

É certo: não há ganho sem sofrimento. Mas eu pura e simplesmente recusava com todos os poros e neurónios essa forçada tentativa de tornar o meu corpo uma coisa saudável e aceitável. O meu corpo não é uma prioridade, e certamente ficar quase em coma a correr sem sair do sítio não era a minha noção de tempo bem passado. Que estava eu a fazer numa máquina de remo, puxando contra a minha adiposidade ventral quando tinha *Os Buddenbrook* por ler? E isto não era tudo: ainda digeria penosamente esta tenebrosa provação quando comecei a ver pénis flácidos. Pois é: o balneário. Se fazer exercício físico me custou pavores, estar numa sala com homens nus dos 17 aos 77 foi ainda pior. Pés, pénis, peúgas, rabos, chinelos, carnes, pudendas. Quando dava ao pedal, ainda estava a tratar de não morrer cedo. E podia parar e espreitar uma menina com as maminhas apertadas num fato de treino do Arsenal. Mas no balneário, sétimo círculo do inferno dantesco, o exercício físico estava reduzido a uma apoteose do corpo decadente. E do corpo masculino, ainda por cima. Se no meu balneário estivessem odaliscas lascivas, sempre era um incentivo. Mas as costas peludas e o testículo pingão de um professor primário aposentado? Era um preço demasiado alto.

Obviamente, não durei muito no ginásio. Afinal, há coisas piores do que ser confundido com um vidrão. Embora, assim de repente, não me lembre de nenhuma.

BALADA DAS ESTAGIÁRIAS

Quando soube que o cavalheiro do Arkansas, William Jefferson Clinton, andava enrolado com uma estagiária, achei o assunto irrelevante. O cavalheiro tinha currículo na matéria. Os políticos americanos idem aspas. Mas isso da "estagiária" é que me suscitou algum interesse, mesmo que a menina em concreto me desinteressasse em absoluto.

Como se lembram, o episódio deu má conotação a "estagiária". A palavra começou a ser dita com sorrisinho canalha, como quem logo imagina roscovâncias. Eu nunca me tinha apercebido desse estatuto sexual da estagiária. No estágio de advocacia, as minhas causídicas colegas eram tratadas pelos patronos com desdém ou excesso de carga laboral. Mas, que me contassem, nenhum sexo, assédio ou outra matéria grave para a moral pública. Assim, a minha noção de "estagiária" estava submersa por outra mais clássica, a "secretária", senhoras com boa perna e saia cintada que vão para o Holiday Inn à tarde com homens casados. A "secretária" é que me provocava a libido. Mas manda a imaginação pornográfica que a secretária se apresente meio balzaquiana. E eu balzaquianas, confesso, não se me dá.

Em compensação, professo uma incondicional admiração por adolescentes (paixão platónica, claro, como mandam a legislação em vigor e o meu peso). Agora que me passeio pela imprensa, tenho observado com minúcia esse admirável mundo das estagiárias. Já não são adolescentes no sentido próprio, mas são escandalosamente novas. Sentimos uma leveza de chiclete ao pé das estagiárias. Quase todas muito atraentes. Elegantes, magérrimas, vaporosas, discretamente carnais umas, ousadas na proporção do seu interesse outras, ausentes quando tímidas, pestanudas e pestanejantes, barriga elástica destapada, ténis, um decote inconstitucional. Universitárias, quase adultas, aprendendo esforçadas, cínicas muito ao de leve, tomando notas mentais sobre a classe, algumas de uma candura que faz tinir copos.

E só me ocorre a *Balada das Meninas de Bicicleta,* de Vinicius de Moraes, agora com escritórios *open space* e roupa informal em vez dessas praias e maiôs do poema. Vinicius, com trinta e poucos anos (como eu agora), via passar, deslumbrado, as meninas, "centauresas transpiradas", essas "transitórias estátuas" que pareciam "esfuziantes de azul". Escreve o brasileiro, como se andasse entre as estagiárias: "Uma correndo à gandaia / Outra com jeito de séria / Mostrando as pernas sem saia / Feitas da mesma matéria". Vinicius era um poeta. Nós apenas fazemos tristes figuras. Prevenido dessa diferença, logo me meto pelo computador adentro, a escrevinhar chatices, mudo como uma morsa. Um olhar somente, em ogiva, sobre essas "velozes massas em chama", sobre os "corpos firmes e crus". E mais nada. Juizinho e cabeça fresca. Mas ao meu lado cirandam os jornalistas seniores. Alguns (nem todos) parecem *Maltesers* em cima de um radiador, deliquescentes e lânguidos, saracoteando os seus préstimos, em paternalismo ora agressivo ora acriançado, forçando a conversa, sublinhando a hierarquia, criando um nervosismo que jogue a seu favor, debruçados com ternura excitada para ensinarem como se faz um itálico.

Admiro esta paciência das estagiárias para as figuras de urso. Só por isso mereciam ter uma estátua equestre no Rossio. Por cada amigo desinteressado, por cada conselho com cabeça, um arraial de espúrios pretendentes. Miúdos e graúdos. Homens que lhes tocam, lhes compõem a manga, contam graças sem graça, são polícia bom e polícia mau, convidam para um cafezinho, perguntam (tacteando) por um namorado. As mulheres mais velhas vigiam, com tolerância gémea da repugnância, "são assim os homens", um redactor da Economia, um puto da infografia, um poeta brasileiro, um cronista arrivista, apenas cavalheiros do Arkansas dançando uma andropausa precoce em torno das quase adolescentes. (Que sorriem, se entreolham, encolhem os ombros. Ombros de levar aos ombros.)

Percebo então que as estagiárias são uma utopia de empregado de escritório, são o passado, esse possível que é agora impossível. Vinicius disse, sobre as adolescentes: "Vós que sois o que o mundo não tem mais." Passeando na praia, cantou esses brotos, esses ternos guerreiros. Mas morreu sem escrever o poema que as estagiárias mereciam. E merecem.

AS BOAS PESSOAS

Não subscrevo essas cansativas prédicas sobre "os valores" que supostamente "se perderam", mas reconheço, como observação neutra, que esta época é imensamente cínica. Estamos cada vez mais distantes de compreender ou aceitar certas verdades ancestrais e certas virtudes elementares. Um exemplo: dizer que alguém é uma "boa pessoa" soa risível, lamechas ou inócuo. Para muita gente, ser uma "boa pessoa" é como ser "simpático": o mérito de quem não tem mais méritos. Parece característica de avozinha ou ascensorista, uma amenidade que a todos aproveita mas que a ninguém realmente interessa. Para os nossos padrões, um maquiavélico catita é bem mais "interessante" do que uma "boa pessoa".

E, no entanto, esse estatuto não é tão pateta e açucarado como pensamos. Uma boa pessoa não é necessariamente uma patarata simpática, não é por força uma Edith Bunker da série *Uma Família às Direitas* [*Tudo em Família*], por mais que esse modelo nos assalte sempre o espírito. Uma boa pessoa é, numa acepção básica e tradicional, uma pessoa decente, que leva uma vida honrada e que contribui para o bem dos outros. Alguns conservadores ingleses mais optimistas parecem supor que o mundo é composto essencialmente dessas "boas pessoas", gente que cuida das begónias e dos netos e que vive num remanso consciencioso. Não creio que seja assim, porque há uma escuridão humana que nenhuma dose de sensatez burguesa anula. Mas conheço casos de pessoas que não deixam inimizades, rancores ou agravos, pessoas que só contribuem para um mundo mais suportável. Algumas, infelizmente, passaram para a outra margem.

Penso sempre nas minhas tias da Guarda. Minhas tias-avós, mais precisamente. É tentador remeter para umas tias de Vasco Santana, algures entre excesso de móveis e o doutor Salazar, cristianíssimas e alheadas das coisas tal como são e como doem. A caricatura não é absurda, mas não apanha tudo. As minhas tias da Guarda (Gabriela, Judite, Mimi, Carmo, Ivone, Irene) nunca foram apenas esse retrato simpático mas erroneamente revisteiro do Portugal da "outra senhora". Com certeza que representavam uma nação agora quase extinta: católica, pacata, patriota, reservada. Mas eram também mais qualquer coisa, irredutível a novenas e conformismos: eram boas pessoas. Pessoas que não queriam mal. Que se preocupavam. Que davam conselhos sem pose conselheiral. Que se escandalizavam sem espalhafato farisaico. Que cultivavam, num serviço de chá como nos costumes, o esmero ou a possibilidade máxima de esmero. Que viam no catolicismo uma espécie de evidência de sofrimento e compaixão. Que eram para os outros sem reclamarem, com paciência e recato dignos de epístola aos Coríntios.

E tudo isto me era tão distante: a genealogia, a Guarda, o doutor Salazar, o serviço de chá. Eu tão deste século de suspeita, distância, cinismo. Eu com tão menos certezas e tão mais arrogante nas poucas que tenho. Mais convencido, pateta, insensato. Tentando ser "boa pessoa" em intervalos higiénicos, sem querer que me reconheçam nesse exercício extemporâneo de catequese. Sendo incapaz do grau de altruísmo das minhas tias, da modéstia das minhas tias, da sua comovente solidez. Ser uma "boa pessoa" é uma ofensa para nós, os que queremos "deixar marcas". Presunção sem água benta. Não deixaremos marca nenhuma, apenas descendência, para os que a isso são chamados. Deixamos apenas tralha. A nossa civilização cresce em tralha. Tralha material e simbólica. E não deixamos, cada vez menos deixamos, uma imagem como deixaram as minhas tias. Uma espécie de velhice luminosa, mesmo quando encarquilhada, generosa, atenta, disposta com a minúcia de talheres num lanche com pão de ovo e bolinhos. Essas tias de quem sempre me lembro, quase espanholas de tão pouco que as via, quase dos anos 40 no seu mundo para mim que o imaginava, sempre ao telefone nos aniversários, sempre fazendo tão simples o que complicamos, porque somos não apenas modernos mas, dizem, pós-modernos, muito pós, para em pó recolhermos os cacos. Como se fossem cacos de um serviço de chá sem préstimo, de um tempo das tias do Vasco Santana que não se pareciam com as tias do Vasco Santana e que eram as minhas tias da Guarda.

A TAMPA

Sempre que uma marca de margarina promove um concurso que consiste no sorteio de uns "magníficos automóveis" entre quem tenha coleccionado quinhentas tampas, penso que há gente muito triste. Gente que colecciona tampas. Quinhentas tampas. Que espécie de pessoa colecciona tampas? Mas depois reconheço, subitamente, que eu sou uma dessas pessoas. Eu também colecciono tampas. Muitas tampas. Mais de quinhentas tampas. E nunca ganhei sequer um *Fiat Punto.*

Não sei bem porque é que uma recusa amorosa ou sexual se chama "tampa". Mais facilmente diviso outro termo, como "piparote" ou "pirolito". Mas tampa? Que nexo existe entre a cobertura ou abertura de uma caixa ou recipiente e uma rapariga que nos manda morrer longe? Já soube em tempos a origem cultural da expressão "corno", mas não me lembro de explicações etimológicas ou antropológicas sobre a "tampa". É possível que uma tampa termine uma vontade ou encerre uma perspectiva. Um tipo fica meio bambo nas pernas por causa da menina Clara e a menina Clara põe termo ao devaneio. Um termo com uma tampa.

De todo o modo, segundo a lógica das marcas de margarina, eu teria um parque automóvel digno de um monarca do Golfo. Porque reuni dedicadamente, desde 1980 e tal, tampas e mais tampas, mais tampas (amorosas) do que uma doméstica consegue reunir tampas (de plástico). A lógica da tampa é muito simples. Um tipo está apanhado por uma miúda, um tipo manifesta o seu entusiasmo, um tipo é posto no seu modestíssimo sítio na escala das espécies, um pouco acima das amibas. Claro que nem todas as situações se assemelham. Estou sexualmente atraído por alguém, ou então encantado com um modo de apanhar o cabelo, ou é uma colega simpática, ou bebemos uma caipirinha num casamento. De todas essas situações tenho empenhadamente trazido tampas. A rapariga no casamento pede desculpa mas tem namorado. A colega simpática disserta sobre o amor como amizade. A estranha que apanhou gracilmente o cabelo na esplanada diz que não dá troco a estranhos. A espampanante decotada declara que se sente tão sexualmente atraída por mim como por um texugo.

Há gente para tudo. Situações. Educações. E eu também não primo pela tempestividade e pela sensatez. Já compus odisseias a mulheres que conhecia há dez minutos. Envergonhei mesas de dezoito pessoas professando a minha estima perpétua a uns olhos verdes. Mas sobretudo escrevi bilhetes. Bilhetinhos. Se eu coleccionei tampas, as autoras das tampas acumularam bilhetinhos. Há, em território nacional, dezenas de mulheres que receberam cartas, notas, postais e outras momices com o meu nome e gatafunhos. O que me vale é que os papéis foram quase todos para o papelão. Se tivessem sido guardados, era um verdadeiro Museu dos Coches. Incapaz de professar de viva voz o meu empenhamento heterossexual por uma compatriota atraente, usei durante anos os correios. Os correios é como quem diz: em geral o textículo não seguia via postal mas pela mão de uma amiga. Ou então era deixado dentro de um livro, ou de uma carteira. Se há género literário que pratiquei com empenho foi o género "não sabes quem eu sou mas tenho pensado em ti madrugada dentro, és a rapariga mais espantosa que". Etc.

Com estas patéticas manifestações adolescentes, a tampa era um resultado inevitável. A tampa branda. A tampa como vida. A tampa agressiva. A tampa compreensiva. A tampa mística. A tampa displicente. Portuguesas de norte a sul (e umas três estrangeiras) tiveram de protestar o seu mais vivo desinteresse pela minha pessoa, porque a isso foram obrigadas por mim. Às vezes inventavam desculpas estrambólicas. Outras vezes tinham razões inatacáveis. Há quase dez anos declarei o meu ardor amoroso a uma rapariga que, sem eu saber, ia entrar para freira no mês seguinte e que, portanto, estava mais interessada em Deus do que em mim (o que se compreende). Mas qualquer razão me parecia sensata.

Algumas tampas que coleccionei ao longo dos anos deixaram mazelas, equimoses. Outras eram esquecidas na semana seguinte. Uma tampa ultrapassa-se com facilidade: basta partir para a próxima tampa. A certa altura é um vício. Coleccionava tampas, mais de quinhentas, como se esperasse que uma marca de margarina me desse um magnífico automóvel. Ainda espero esse automóvel.

CASETAS

As discotecas sempre representaram para mim um mundo mais longínquo que a Patagónia. Não creio que ninguém nascido no ano de mil nove e setenta e dois tenha tão poucas vezes posto os butes numa discoteca.

Comecei muito mal, nos tempos do liceu, numa inesquecível matiné. Uma matiné é uma coisa sumamente patética. Betinhos de quinze anos a comer com oito mãos betinhas de catorze em sofás vermelhos coçados. As colunas ecoando êxitos com artrose (Status Quo, Whitesnake, Scorpions), tudo isto às quatro da tarde. Uma miséria. Depois desse início traumatizante, estive algumas vezes em discotecas mais elegantes mas não menos decadentes. Lembro-me da minha triste figura, encostado a uma parede a galar o mulherio e a suar três Nilos com tanta massa corporal à molhada. Também conheci uma discoteca de província, que tinha como vantagem aceitar discos pedidos e como inconveniente trezentos saloios entesados. E uma discocoisa chamada Amnésia, embutida numa praia, e que por razões cá minhas pretendo encobrir com véu mais amnésico possível. Mais recentemente, entrei uma vez na Kapital, quatro vezes no Lux e outras tantas em sítios sortidos de Alcântara. Mas sempre ostentando uma expressão de quem tem dores de estômago ou exame de condução às oito horas da manhã seguinte. Confesso pois que sei tanto sobre discotecas como Marx sabia sobre a classe operária. Mas o pouco que sei não me anima.

Nunca esqueço a velha e rezingona cozinheira da minha avó, que chamava às discotecas "casetas". Essa palavra ainda me fascina. Aglutinação com sílabas comidas e misturadas? Sinónimo patusco? Diminutivo depreciativo? Não sei. Mas reconheço que "casetas" sempre me soou a um misto de "casa de meninas" (bordel) e "casinha" (lavabo). Que é como quem diz: uma casa para coisas porcas. A velha cozinheira da minha avó considerava as discotecas "casetas" porque as via como locais danados que nem mereciam o nome que lhe dávamos. Gente decente não se mete em "casetas". Conheço esse discurso moralista contra as discotecas, muito popular entre pais preocupados, apocalípticos culturais, cristãos empenhados e otorrinos alarmistas. Mas nunca esse discurso me cativou. Se eu não gostava (não gosto) de "casetas" é porque nas "casetas" se praticam três desportos que cultivo pouco ou mal. A discoteca serve para bebermos álcool, para dançarmos e para estarmos no engate. Acontece que eu sou praticamente abstémio, pouco mais que imperiais e gins tónicos (dois no máximo). Sou também um trambolho que não dança nem com ameaças marciais (e que nem gosta de música dançável). E quanto ao engate nem preciso de dar pormenores (mais facilmente um okapi engatava alguém numa discoteca). As discotecas são para pessoas com corpo apetitoso, desinibição tribal e gosto por ambientes apinhados. E eu nesses itens népia. Eu é mais Dostoiévski.

Não tenho nada contra as "casetas", assim como nada tenho contra vodka, sexo e New Order. Mas sei que não pertenço. Nas minhas últimas visitas, vestido de etnólogo, confirmei mais uma vez essa estranheza. Sextas e sábados, observei multidões de escantilhão nuns armazéns com espaço a menos para tanta gente e decibéis a mais para ouvidos comuns. Em aglomerados serpenteantes, submissos a porteiros goriláceos. E depois, uma vez no éden, meninos e meninas pulam até vomitarem a epiglote e o Cutty Sark, olham e sentem carnes mornas, repetem refrões em estrangeiro, fazem coreografias com o cu e os cotovelos, consomem pastilhas ou outros prestáveis medicamentos recreativos. E depois vão para casa com zumbidos, ébrios, encharcados, acompanhando um semidesconhecido ou semidesconhecida a quem mordiscam as cuecas e os mamilos às escondidas do taxista. Já se sabe: aproveitam o momento. Vem no Eclesiastes e em Horácio. E eu não discuto os clássicos.

Numa "caseta" estou absolutamente exilado no meio de putos celebrativos. Sou um recluso e um macambúzio. E não gosto de martelinhos e Pisang Ambon. O meu grande problema é que a noite está quase reduzida a "casetas". Aprecio outros estabelecimentos nocturnos, nomeadamente aqueles em que podemos conversar. Mas "casetas" é para o pessoal etílico e sexual. É para a malta nova. E eu tenho 50 anos.

DESPE E SIGA

Há quem imagine os clubes de *strip-tease* como uma descida aos abismos. Uma viagem ao mesmo círculo dantesco que inclui sodomitas, prestamistas e fiscalistas. Isso é porque conhecemos esses clubes do cinema americano, e visualizamos esconsas caves na Califórnia cheias de mafiosos belfos e filipinas olheirentas. Meninas drunfadas que dão à anca e enfiam notas enroladas no elástico da cueca. Uma coisa realmente manhosa e um pouco perigosa. Mas essa imagem não corresponde ao panorama das casas lisboetas que visitei, com exclusiva dedicação à causa do jornalismo.

Um clube de *strip-tease* é apenas mais um bar para homens. Com este extra: meninas que sentam o seu colo generoso no nosso colo ansioso. A malta conversa, depenica amendoins demasiado salgados, atesta gins tónicos e olha para maminhas de silicone como quem segue o Tour de France. Nada de homicidas com cotoveleiras ou quenianas com doze anos. Só miúdos em excursão de turma, trintões em grupos de três, empresários de camisa aberta, turistas orientais, um ou outro casalinho maroto. E depois umas dez moças ladinas, vestidas com uns aventais translúcidos e de botas lustrosas.

Como vêem, estes clubes são tão familiares como uma mercearia. Os *habitués* acenam ao *barman*, sentam-se no sofá escarlate de sempre e pedem o costume. Mesmo com a música no máximo, o ambiente é estranhamente calmo.

A explicação é simples: a centímetros de uma letã descascada, o português geralmente embatuca. Só alguns putos causam chavascal. Os demais clientes ficam subitamente imóveis e tensos, como se lhes tivessem posto uma marmota nos joelhos. Somos tímidos e cristãos, e uma vulva não é um chapéu de coco. Mas segundos depois a distensão sexual regressou. Há ainda mulheres desnudas, homens a conversar no condicional entre gargalhadas, mas ninguém sente o circuito de Monza nas algibeiras. No palco temos luzes e fumos e aqueles escorregadios varões dos bombeiros. As meninas dançam e tiram as roupas ao som de Aerosmith, Joe Cocker, Madonna e Camargo & Luciano. Como espectáculo de dança, digamos que não é nenhum Ballet Gulbenkian.

O catálogo de fantasmas masculinos é deliciosamente óbvio: as moças vão encarnando uma colegial de totós, uma Pamela Anderson, uma secretária com óculos de massa, uma cativa num harém ou uma messalina de Carnide. Os homens projectam em silêncio as suas frustrações e ambições carnais. Sabem que mulheres destas preferem geralmente produtores televisivos, industriais corticeiros ou avançados do Manchester United. São umas cavalonas vitaminadas, às vezes muito giras e sempre muito esculturais, que se passeiam em tacões altíssimos e seios elásticos, que sacam umas bebidas exorbitantes aos utentes, que se sentam de pernas cruzadas e fumam com enorme enfado, pensando no amanhecer em Riga.

Menciono Riga de propósito. Rumsfeld tinha razão nos elogios à Nova Europa: os três bravíssimos estados bálticos e a deslumbrante República Checa são um oásis de mulheres lindíssimas, quase inacreditáveis. O que não impede o predomínio das brasileiras, que têm a vantagem de fazer o que lhes pedem com uma perna às costas (em geral, às nossas costas). Num dos clubes que visitei, o menu artístico incluía *table dance* (as meninas despem-se em cima do cliente), *private dance* (o mesmo, mas nuns compartimentos atrás de umas cortinas), mais *shower* e *lesbian show* (higiene pessoal e amizade). Regra decisiva: em nenhuma circunstância podemos tocar nas misses. Nada de excitações. Mãozinhas no assento e visualizem o general Eanes.

Algumas feministas e alguns evangelistas têm comparado o *strip-tease* à prostituição. Em ambas as actividades existe inegavelmente uma transacção libidinosa e uma transacção dispendiosa. Acontece que prostituição significa sexo genital (que às vezes inclui efeitos secundários chatos, como remorsos e comichões). Ao passo que o *strip-tease* é simplesmente voyeurismo e desejo, um inócuo teatro sexual para burgueses abastados. Uma espécie de jogo mental que admite todos os estados de espírito: rambóia, solidão, tédio, convívio, desespero.

Há gente que se vicia nisto. Há gente que se cansa disto. Há gente que se apaixona pelas meninas. E há quem use uma crónica como desculpa para mais umas visitas.

SEMIDEUSES

Em *e-mails* e noutros comentários, a "autodepreciação" que surge usualmente nestas crónicas tem sido motivo de algumas críticas. Agradeço o retorno, e vou explicando o caso como posso. Explico que essa depreciação espelha genericamente a opinião que tenho de mim mesmo. Explico que é uma retórica meio patusca. Explico que consiste numa homenagem a Woody Allen e outros mestres. Mas a melhor explicação está num poema. Num extraordinário poema português que começa assim: "Nunca conheci quem tivesse levado porrada. / Todos os meus conhecidos têm sido campeões em tudo". E que continua: "E eu, tantas vezes reles, tantas vezes porco, tantas vezes vil, / [...] Eu, que tantas vezes tenho sido ridículo, absurdo, / [...] Que tenho sido grotesco, mesquinho, submisso e arrogante, / [...] Eu, que tenho sofrido a angústia das pequenas coisas ridículas, / Eu verifico que não tenho par nisto tudo neste mundo."

O poema prossegue notando que mais ninguém sofreu enxovalhos, que todos foram uns príncipes perpétuos: "Quem me dera ouvir de alguém a voz humana / Que confessasse) / não um pecado, mas uma infâmia; / Que contasse, não uma violência, mas uma cobardia! / Não, são todos o Ideal, se os oiço e me falam / Quem há neste largo mundo que me confesse que uma vez foi vil?" E o poeta exclama mesmo: "Arre, estou farto de semideuses! / Onde é que há gente no mundo?" Cito, como talvez reconheçam, o "Poema em Linha Recta", de Álvaro de Campos. Este texto sempre me impressionou imenso porque sempre me impressionou aquilo que denuncia com grande veemência coloquial. As pessoas dizem maravilhas de si mesmas. Dão de si mesmas uma imagem extraordinária. São semideuses. Ou deuses do Olimpo. Não sei se isso é "pensamento positivo", técnica de *marketing*, embaraço com o insucesso ou mitomania. Sei que pelos vistos ninguém apanhou porrada. São todos uns campeões em tudo.

Verifico então, tal como o impaciente Álvaro de Campos, que sou a única pessoa com defeitos. O único tipo que cometeu vilezas. O único indivíduo que sofreu vexames. Andei colérico e preguiçoso e lascivo e mais ainda. Não ousei, desisti, fui vencido. Cometi dez vezes o mesmo erro. Apertei ao peito dúvidas e desesperos, angústias e solidões. Esse sou eu e mais ninguém, pois mais ninguém se manifesta. Então escrevo. Escrevo sobre inadequações, traumas, falhanços. Sobre tampas, equívocos, deslizes. Não necessariamente infâmias, mas umas tantas cobardias. Desastres comuns. Hesitações. Aldrabices. Nostalgias. Com a sinceridade possível, pontuada de naturais exageros e crueldades. Assim nasce essa característica pelos vistos incomodativa e que causa indignações de vária espécie. A tal "autodepreciação" que os *e-mails* comentam. Dizem uns que é confessionalismo escusado. Outros detectam uma pose teatral calculista. E há quem acuse o plumitivo de uma indigesta pena de si mesmo. E no entanto toda a gente se auto-elogia alegremente sem que isso levante sobrancelhas. O auto-elogio é, obviamente, normalíssimo. A autodepreciação é, obviamente, um desvio. Que as pessoas se mitifiquem, é aceitável. Que escrevam sem falsificações sentimentais, é inconveniente. O elogio pertence ao espaço público. A crítica é assunto estritamente pessoal. Ninguém é vil. Somos todos príncipes.

Lamento, mas não vou nisso. Eu tenho sido e sou tantas vezes reles, tantas vezes porco, tantas vezes vil, tantas vezes ridículo, absurdo, grotesco, mesquinho, submisso e arrogante. Não digo isto com gosto. Digo isto porque é assim mesmo. Sei que dessa noção resultam alguns efeitos cómicos curiosos, uma vez que a comédia nasce dos nossos fracassos e não dos nossos sucessos. Mas o que mais me interessa é registar isso a que Campos chama "angústia das pequenas coisas ridículas". Não são confissões nem expiações. É apenas "ouvir de alguém a voz humana". Alguém que não é um semideus.

É evidente que acho que somos todos mais ou menos iguais nisso. Mas talvez me engane. É possível que eu seja o único mendigo numa enorme corte de príncipes.

O REI SOL

Sol. Ou mais precisamente: sol ponto. É isso que anuncia o documento com a minha identidade e o meu estado civil. Sol ponto. Durante anos nem reparei nessa abreviatura. Só há pouco tempo me apercebi do sarcasmo implícito. O solteiro é um sol. O solteiro tem o sol ao seu lado. Estou vivo e escrevo sol, como no poema de Ramos Rosa. Mas sol é também um bocado de uma palavra. Como se fosse um corpo decepado ou incompleto. O solteiro não é solteiro nas sílabas todas que lhe competem. Mais de metade lhe é arrancado. Apenas sol. Sol ponto. Claro que os outros estados civis também levam abreviatura. Mas este é o meu estado, e acho estranho que o estado português nem tenha coragem de escrever a palavra inteira.

A condição de solteiro já não é mal vista, como antigamente. Há cada vez mais gente solteira na casa dos trinta e mesmo depois. Os sociólogos acumulam estudos. As revistas de domingo trazem reportagens. As pessoas casam cada vez mais tarde, ou não casam de todo, andam, saltitam, coabitam, têm amoricos sucessivos e instáveis. As revistas vão escrutinando as causas dessa opção:

prioridade à carreira, sentido de autonomia, adolescência tardia. Etc. Apesar da estatística, uma pessoa solteira aos trinta anos ainda é às vezes acusada de ausência de pretendentes ou de tendências homossexuais. Mas há também o elemento egoísmo. O egoísmo é uma consequência necessária do individualismo das nossas sociedades, e não é realmente muito compatível com o matrimónio, pelo menos com um matrimónio igualitário e saudável. Um homem solteiro (conheço mais exemplos masculinos) leva a vida como lhe apetece. Dentro das rotinas e obrigações inevitáveis, é um homem livre. Livre de horários, de compromissos, de chateações. Vai namorando umas e outras, sem planos de acalmia. A casa do solteiro é geralmente descuidada, como a sua existência. Mas é uma casa e uma existência na qual se sente bem. O solteiro vive para si mesmo, sem grandes cuidados. É um egoísta feliz.

Há um adágio ancestral e cruel que diz assim: "Solteiro, solteirão, vive como um rei e morre como um cão." Creio que os solteiros reconhecem sempre nalgum momento que estão amputados. Que não são um sol mas apenas um sol ponto. Sentem falta do choro das crianças mesmo quando não suportam crianças. Anseiam por discussões sobre ninharias domésticas. Têm pena de não ver disputados ao sábado os suplementos dos jornais. E quando caminham para velhos sentem isso com mais intensidade. Não são mais sol mas apenas mais sós. Não sei se morrem exactamente como um cão. Os provérbios são um bocado generalistas e tremendistas. Mas morrem mais isolados do que deviam e gostavam. Os Engels todos podem xingar à vontade a malvada família burguesa. Mas a experiência comum indica que cônjuges e descendentes contribuem significativamente para o nosso equilíbrio moral e mental. O sol não basta. Os outros astros também contam.

Sol de solteiro. Uma maneira fuinha de poupar tinta estatal que nos põe a matutar sobre coisas sérias. Segundo a Bíblia, não é bom para um homem estar sozinho. A mesma Bíblia estimula: crescei e multiplicai-vos. E em todas as épocas e latitudes homens e mulheres se juntam, têm filhos e os educam. É isso que define as espécies, incluindo a espécie humana. Há modelos de casamento e de funcionamento que se alteram ao longo dos séculos. Mas só ideólogos destrambelhados sugerem que a conjugalidade e a procriação são uma invenção ultrapassável. O que acontece é que nem todos sentem esse apelo com a mesma intensidade e do mesmo modo. Há quem se assuste com aquilo a que os brasileiros chamam "papel passado". A vetusta instituição. Há até gente que vive em situação conjugal mas se mantém solteira porque receia O Casamento. Emma Bovary e os casais de Ingmar Bergman, entre outros, deram mau nome ao casamento. E no anedotário comum o casamento é apenas uma prisão debaixo de armas.

E no entanto as pessoas casam. Continuam a casar. Mesmo os progressistas e os libertinos casam. Mesmo os que juravam que nunca mas nunca. Assim, semestre após semestre, sei de mais um conhecido que se casou. Que se cansou da sua enganosa condição de rei sol.

AS BODAS

Sabem aqueles quadros flamengos com trezentas pessoas a fazerem trezentas coisas, jogos minuciosos e actividades comezinhas e bizarrias lúdicas pelo meio? Os casamentos são assim. Sete ou oito horas de magnífica comédia humana. Começa logo no entendimento periclitante entre os dois lados. Geralmente, as famílias não se gramam. Ou nem se conhecem. O casamento é a única festa que tem dois lados. Duas tropas, às vezes bastante fandangas. Os do lado dela e os do lado dele. Isso faz com que a boda seja também um constante estudo e um constante enfrentamento. As pessoas exibem *status*. Exibem esposas-troféus. Testam piadas. Comentam cós e alinhavos. Há sempre três casais (geralmente amigos da noiva) cuja relação está colada com cuspo, o que se nota tão penosamente que apetece organizar ali mesmo uma festa de divórcio. Depois, há os engates. Há sempre duas meninas (geralmente amigas da noiva) que têm uns decotes do outro mundo e a quem os amigos solteiros (e alguns casados) perguntam coisas que não lhes interessam nada. Depois, há os tipos que discutem política, e que dizem que a culpa de tudo é do Costa Gomes ou do Gomes da

Costa. Há os literatos que recitam Omar Khayyam enquanto debicam azeitonas. Há os cépticos, que repetem o dito segundo o qual uma pessoa na China comunista pode sair de casa mas não do país e uma pessoa casada pode sair do país mas não de casa. Há gente gargalhando a bandeiras despregadas. Há gente com uma expressão obstipada. Clichês sobre a noiva como estava linda e como ela teve muita sorte porque o Rodrigo é uma jóia de moço tão diferente do Vasco que não valia mesmo nada e já anda com uma vadia e fez mesmo sofrer a Joaninha que é amorosa o Vasco tinha era uns olhos verdes muito giros lá isso benza-o Deus. O parque automóvel é um grande tema de conversa. Belos solilóquios sobre cilindradas e cromados. Manobras às arrecuas muito mal feitinhas. E os putos que correm como chitas atravessando as mesas. As crianças que criam uma tribo diferente debaixo da mesa e descalçam, deliciadas, uma senhora gorda. Um fulano abichanado que escova uma nódoa no fato alheio. Um trombudo que não diz nada e olha as pessoas como se fosse o conde Lautréamont com bexigas. Há um cartoonista verbal pacóvio. Um contabilista que se queixa de que já não há valores. Um adolescente que olha para as raparigas sem saber como meter conversa e que ao cair da noite consuma sozinho essa atracção. O casamento tem fases, declives, curvas e contracurvas. Desde momentos compactos, da excitação do *bouquet* aos embaraços sociais, às zonas sombreadas da tardinha, quando os grupos se dispersam, passeiam pela quinta alugada em pequenas conspirações ou ao telemóvel. Os amigos do noivo cumprem razoavelmente o papel de *hooligans*. As amigas da noiva são melífluas e anémicas, como se espera delas. Há homens que não aguentam mais a farda de pinguim. E miúdas que se queixam dos saltos altos. Grande chinfrim quando cortam o bolo, alto de dois andares. É como no filme de Altman chamado *Um Casamento* (1978). A cacofonia, a coreografia, uma certa crueldade que se esconde entre amenidades e trivialidades. Um casamento é uma espécie de Jogos Olímpicos das relações sociais: todas as modalidades estão representadas. A inveja, a sedução, o decatlo. Um tipo desbasta a tábua dos queijos. Outro conta as suas más experiências com o turismo de habitação. O quase alcoólico está quase alcoolizado e entaramela a conversa. Discute-se "o nosso Benfica". Uma menina muito feia pensa que não arranja noivo nunca nunca nunca. O fulano do *catering* fuma um cigarro nas escadas. Os outros empregados fazem o seu papel vicentino e bonacheirão, que se desfaz em ordinarices na copa. O galã desaperta a gravata e senta-se nas escadas antigas. Alguém pede um daiquiri. A banda de bigodudos toca Los Lobos. As três quase trintonas absolutamente deliciosas imitam a Shakira. Começa a escurecer e há quem se vá embora mais cedo. Um clima de tristeza e nostalgia vai avançado, como a sombra entre os buxos. Alguém torceu um pé. Alguém amamenta um bebé. O noivo já foi involuntariamente à piscina. Debaixo da mesa as crianças fizeram amigos e gostavam de ficar a semana toda entre a sua tribo inventada, descalçando, deliciadas, uma senhora gorda.

ENCONTRO PARA CEGOS

Um *blind date,* como talvez saibam, é um encontro de intenção amorosa entre pessoas que não se conhecem. Sendo socialmente inepto e inapto, várias vezes me senti tentado por tais encontros às cegas. Mas isso implicava anúncios de jornais e vexames vários. Nunca arrisquei. Até que apareceu a net e as salas de conversação expressamente destinadas ao engate. Quando tive net em casa passei tardes e noites a fio ligado ao amigo digital. E andei pelos *chats.* Um *chat* tem grandes vantagens face ao engate convencional. Desde logo, a maneira impressionante como queimamos etapas. Há muito menos conversa até se chegar ao que interessa. Uma vez uma rapariga deu-me o número de telemóvel quando eu lhe disse apenas um olá. As pessoas estão ali assumidamente para conhecerem gente. E contam tudo, admitem tudo, estão dispostas a tudo. São incrivelmente fáceis. Uma das grandes maçadas de ser homem é que as mulheres se fazem muito difíceis. Seja pela moralidade de fachada, seja pelo jogo de gato e rato, elas não se entregam assim sem mais nem menos. Que diabo, até o Elvis andou três anos atrás da Priscilla. Nos *chats,* pelo contrário, entre o primeiro contacto e o primeiro encontro é um instantinho. E, às vezes, entre o primeiro encontro e o primeiro contacto ainda é mais rápido.

A minha experiência foi um pouco diferente. É que se tive algum sucesso cibernético, já o encontro eram outros quinhentos. Durante uns meses, conheci sem exagero meia centena de raparigas e mulheres jovens através desse processo expedito. Uns cinquenta *blind dates,* que me exigiam uma agenda cheia de pseudónimos e dados pessoais. O *blind date,* confesso, provoca alguma adrenalina, visto que nunca sabemos quem vamos encontrar (mente-se muito *online).* Mas eu compreendi em pouco tempo que a tradução exacta de *blind date* não é "encontro às cegas" mas "encontro para cegos". É que, falando francamente, as pessoas que se encontram através de *chats* não possuem assinaláveis dotes sociais. E dotes físicos nenhuns. *O chat* é um recurso para inábeis e trambolhos. E o que acontecia comigo também acontecia com elas. Quando finalmente nos víamos em vera efígie, uma súbita repugnância mútua crescia como uma trepadeira por nós acima. Eu e ela (eu e elas) queríamos fingir que não nos tínhamos topado, virar costas e fugir a sete pés. Se *aquilo* era o nosso encontro, mais valia ter ficado em casa a raspar salitre com uma colher de sopa.

Mas não tínhamos margem de recuo. E lá nos sentávamos a tomar café ou a debicar uma salada de frango. A conversa prolongava o pesadelo. Eu embatucava ou afivelava uma naturalidade de telenovela. Elas tinham vários registos, todos atrozes. As meninas mais novas (nem vou dizer que idade) usavam o subportuguês C+S numa sucessão irreprimível de inanidades. As da minha colheita estavam mais decepcionadas e azedas, e incluíam redactoras da *Acção*

Socialista e assistentes sociais disléxicas. As mais velhas pareciam mais sexuais, algumas divorciadas e falsamente cínicas, outras desesperadas e com *t-shirts* estampadas a dizer RELÓGIO BIOLÓGICO. Uma contou logo que era casada com um fuzileiro mas que ele estava em manobras. Outra sugeriu que eu pegava de empurrão. Outra dissertou sobre lítio e terapia de grupo. Todas se estavam a divertir tanto como o homem das farturas se diverte com o seu triste emprego. E eu idem. Sentia-me um agente dos Censos ou o Kinsey do Saldanha, a conhecer as moças solteiras da minha cidade. Conversas penosas, encontros patéticos, e no entanto totalmente naturais em ansiosos que tinham queimado as fases normais das conversas, que tinham enxameado a conversa com embustes, que levavam nas mangas expectativas e ilusões e que de repente encontravam outra criatura igualmente imprestável. Quando nos despedíamos, era com nítido alívio e mentiras piedosas.

Talvez os cegos apreciem este tipo de encontros. Para mim e para as minhas encontradas, que não somos invisuais (nem surdos), esses cafés às cegas são episódios daqueles que não contaremos aos netos. Isso, naturalmente, na hipótese remota de nos conseguirmos reproduzir.

A IDADE DE CRISTO

Eis-me então chegado à idade de Cristo. Os 33 anos. É uma idade que pertence a Cristo como nenhuma outra pertence a mais ninguém. Os 24 ou os 62 não são de ninguém, como os 33 são de Cristo. É isso que todos me lembram, como lembram a expressão "meio século" a quem chega aos cinquenta anos. Cheguei então à idade de Cristo.

Jesus morreu na cruz aos 33, depois de três anos de vida pública e de trinta de vida oculta. Como cristão, sou chamado ao que se chama a "imitação de Cristo". E este evento natalício seria desejavelmente uma ocasião de júbilo e paradoxo, uma vez que sem morte não há ressurreição e sem mistérios dolorosos não chegamos aos mistérios gozosos. No entanto, aos 33 anos estou tão vazio como uma pessoa que tenha estado três dias num sepulcro. A vida oculta e a vida pública foram inúteis ou mesmo estúpidas. Aos 33, só me sinto mais próximo de Cristo porque estou mais próximo da morte.

As pessoas julgam que vivem cem anos. Só isso explica que a "meia-idade" se comemore no meio século. Quando a verdade é que estatisticamente já vivemos metade da vida quando chegamos aos trinta e tantos. Só um optimismo obstinadamente cego é que identifica os 33 com a juventude. Ninguém é novo aos 33. Aos 33, estamos quase a meio da vida, e não temos já as espantosas alegrias ignorantes e naturais de quem é novo. A casa dos trinta é o tenebroso túnel entre a juventude e a maturidade. Sendo que a maturidade chega já depois de metade da vida ter passado, quando o tempo escasseia e o que ainda vivemos não faz diferença nenhuma. Os 33 não têm outra glória que não seja essa glória crística e evocativa, o madeiro na Palestina onde morreu um homem, e depois de ele ter morrido, assim está escrito, os céus se rasgaram de alto a baixo.

Os meus 33 anos são mais banais. Em vez da idade de Cristo, é apenas a idade em que um médico me examina uma maleita e me pede que mostre a língua e diga 33. Os meus 33 anos é como se fossem 33 dias. Em que muito mudou mas nada aconteceu. Aos 33, sei que envelheci mas não sei mais nada. Gostava de ter aprendido: não aprendi. Gostava de ter melhorado: não melhorei. Sou um católico indigno mesmo do estatuto de mau católico. Sou um burguês que fracassou nas obrigações básicas dos burgueses. Ouço do meu corpo avisos e castigos, tenho gestos cada vez mais dúbios e distantes, inquietações em cima de inquietações como valas comuns, sou incapaz das evidências dos novos e da sageza dos anciãos, estou mais velho agora que os actores e os jogadores, as raparigas já não usam a segunda pessoa comigo, sou um trintão num sótão com nostalgias e sem saudades.

Se tenho a idade de Cristo, não estou de todo no caminho da imitação de Cristo. Não tenho certezas nem estou disposto a sacrifícios. Não tenho nada mais alto. Não vejo nenhuma luz. Não tenho fé, esperança ou caridade, ou quando tenho é tão pouca que ter tão pouca é pecado. Vejo que tudo o que esperava é ilusão e tudo o que temia é como temia. Nada me redime, nem os patéticos triunfos, nem os intervalos lúcidos. Tenho a idade de Cristo mas não tenho o rosto de Cristo. Ou então talvez tenha os seus traços desbotados e duvidosos no sudário. O sudário é o famoso pano que está guardado em Turim e que se diz ter tapado o rosto de Cristo morto no sepulcro. Ninguém sabe se esse pano é verdadeiro, e mesmo os testes com carbono 14 não são conclusivos. Sei que não me pareço com Cristo, mas talvez me pareça com esse sudário de Cristo. Com esse rosto decalcado mas desfigurado de um homem ainda jovem e já não jovem. É um rosto fantasmático, em socalcos, em tracejado, em vestígio, feito de sofrimento e da tranquilidade dos mortos. É um esboço de rosto, um esboço que não prova nada, que nem sequer prova a existência do rosto, que convoca uma suspeita que nunca será uma certeza. É simplesmente um pobre pano que tapou ou não tapou um homem que morreu pregado numa cruz. E que, ao contrário de mim, ressuscitou.

O PATO DONALD

Gostava muito de ter uma voz de homem. Tendo em conta que sou homem, acho que é um desejo legítimo. Infelizmente, há muitos anos que tenho uma vozinha que lembra menos um macho da espécie do que o Pato Donald num dia mau. E isso, como dizia o outro, é uma coisa que me chateia.

No início da adolescência, eu tinha uma voz igual a todos os rapazes. Uma voz de puto, nada incomum, mas que estranhamente me serviu de trunfo canoro. Em catequeses e coisas assim punham-me como pequeno cantor de Viena. E eu geralmente fazia boa figura. Depois, alguém me alertou para a fatal mudança de voz, um sintoma da idade adulta cujos contornos exactos eu desconhecia. Resultado: fiquei sem voz musical e ganhei uma fraudulenta voz de adulto. Primeiro cana rachada. Depois uma espécie de tosse aos sacões. E depois isto: voz de Pato Donald.

Sei que apenas nos apercebemos da nossa voz quando a ouvimos do lado de fora. A voz que ouvimos quando falamos é mais cava porque ecoa cá dentro e se confunde com esse eco; é como se ouvíssemos o lado de dentro da nossa voz. Quando a ouvimos do lado de fora, nua e objectivada, é mais aguda e mais verdadeira. Eu ouvi pela primeira vez a minha voz tal como ela é num decrépito gravador de chamadas, há uns quinze anos. E tudo em mim se revoltou contra aquela momice grotesca. Eu não falava assim, num quaquá de miudinho, tremelicante e pateta. Sucede que toda a gente garantia que a minha voz era exactamente assim, como na endemoninhada máquina de fitas magnéticas. Eu que me conformasse.

Não me conformei. Continuei negando veementemente que fosse aflautado e pueril como naquela gravação, mesmo depois de ouvir outras gravações iguais. Às vezes, ficava surpreendido no meio de uma conversa, ouvindo-me a mim mesmo, e pensava: "Aquele gajo parece o Pato Donald." Uma coisa meio nasalada, meio deslizante, sempre sem encontrar a colocação mais acertada. Eu fazia, a custo, voz de gajo crescido. Voz de *voz off*. Dava um jeito à laringe e à maçã-de-adão para que soasse um nadinha mais masculino. Sem resultado. Só quando estou altamente gripado é que tenho uma voz grossa e apresentável. Uma voz de homem.

O problema de ter voz de Pato Donald é que as pessoas nos julgam logo pela nossa voz. Há quem tenha vozes aveludadas, vozes percucientes, vozes profundas ou vozes com grão. E isso transmite uma ideia e um desafio. Quase queremos imaginar uma pessoa pela sua voz, e há mesmo quem tenha uma voz tão atraente que supere a sua fealdade congénita e outros defeitos. A nossa voz é mais de metade da nossa apresentação aos estranhos: se for especialmente estridente ou desagradável, se lembrar o Pato Donald, então não há salvação possível.

Felizmente uma pessoa quase consegue esquecer a sua voz, excepto nos momentos em que tem de discursar em público. Ou quando mete conversa com o sexo (no meu caso) oposto. Nesses momentos, por mais impecável que seja o texto ou mais sublime a motivação, um Pato Donald não escapa à sua condição de Pato Donald. Tudo o que diz (tudo o que digo) soa assim ameninado e idiota, como se estivesse a fazer uma caricatura de alguém. Uma voz de homem é uma voz cheia, estável, que transmite confiança. Uma voz de Pato Donald é um desenho animado de gente, uma espécie de avaria numa garganta que nunca acerta com o tom e o som das palavras. É um vagido que nem chega a ser gutural, de tão infanto-contagioso.

Até fico com vontade de apanhar uma valente gripe para conseguir a voz de homem que há tantos anos me foi prometida.

BARBA NA CARA

Segundo um estudo encomendado pela Gillette, os homens portugueses não gostam especialmente de barbas. E as mulheres não gostam mesmo nada. A pilosidade facial é considerada pelos homens um sinal de desleixo. Na verdade, para os homens, o único mérito consensual da barba é que "protege do frio". Já as mulheres não vêem vantagens nenhumas: nove em cada dez consideram os homens de cara lisa mais jovens, mais profissionais e mais atraentes.

Até aos 25 anos, assegura o estudo, as barbas são valorizadas (quando são) porque dão um aspecto mais maduro; depois dos 45, são valorizadas (quando são) porque revelam masculinidade. Eu, que tenho 34, não sei o que diga a isto. Desde os 18 anos que uso barba, e não faço tenção de mudar. Confirmo que nessa altura a deixei crescer para ficar com um aspecto mais maduro, mas também simplesmente para experimentar (como experimentei depois o cabelo comprido). Além disso, como eu dizia então, com algum orgulho pelo aforismo catita, "a barba é uma das poucas formas de rebeldia conciliáveis com a preguiça". De facto, uma das principais razões para deixar crescer a barba foi deixar de fazer a barba, actividade que sempre detestei, sobretudo pela conjunção infausta de uma pele sensível e de uma mão tosca, conjunção que deixava a minha garganta e o meu queixo cheios de lanhos e sangrias.

Entretanto habituei-me, e já não me imagino escanhoado. Só rapei a cara uma vez, há muitos anos, porque uma amada menina me disse que eu ficava melhor sem barba. Obediente, apareci no dia seguinte sem a dita. E a menina achou então que não, que eu ficava melhor com barba. Aprendi a lição e nunca mais a cortei. É certo que vou variando: tenho usado barbas bíblicas, intelectuais, desgrenhadas, aparadas, teológicas, camufladas, maquiavélicas ou tuberculosas. Mas eu fui contemplado com uma barba "mal semeada" (como se diz no campo), escassa aqui e abundante ali, com tonalidades e espessuras variadas e uma confusão de sentidos. Ou seja: nunca senti verdadeiramente que tenho barba. Uma barba "como os adultos". Talvez pareça "mais maduro" (embora certamente não "mais masculino"); mas tenho uma barba indecisa, imprecisa, uma tentativa de barba, uma barba falhada (como se diz "um Estado falhado"), um apêndice incompetente.

Incompetente e incómodo. Os aspectos negativos de ter barba são inúmeros. O mais grave já a Gillette avisou: nove em cada dez mulheres não gostam. Tirando uma colega que me acariciava, enlevada, assegurando que eu lhe lembrava o pai dela (um embaraçoso momento freudiano), o restante gineceu torce o nariz. E não são apenas as moças núbeis. As velhas não gostam, protestam que pica. As mães de família que me conheciam desligavam o telefone quando eu ligava às respectivas filhas (no tempo dos telefones fixos). Os outros homens, mesmo dispensados do contacto físico, também mostram a sua relutância. Em restaurantes selectos não me deixam entrar, desconfiando que eu não tenho dinheiro para pagar a *vichyssoise*. Os estrangeiros não me perguntam direcções. As crianças choram desalmadamente. A alta sociedade acha que eu pareço esquerdista. A esquerda suspeita que eu seja miguelista. É uma canseira.

Com quase vinte anos de barba, ou disto que se assemelha a uma barba sem o ser exactamente, não cumpri os meus objectivos iniciais: a facilidade e o descanso. A minha barba fracassou, não nasci para ter barba, nunca fica ajustada dos dois lados, os putos gozam com ela, os parentes lamentam a sua simples existência, os desconhecidos fazem juízos de carácter mal a vislumbram.

Ao menos, segundo a Gillette, protege do frio.

O BUCHA ESTICA

O comediante inglês Ricky Gervais disse recentemente: "Só tenho graça desde que sou gordo." Nunca vi o actor e autor do fabuloso *The Office* [*Vida de Escritório*] mais magro, pelo que não sei se tem razão. Mas essa confissão vem no sentido do senso comum. Supostamente, os gordos são mais bonacheirões e divertidos do que os magrinhos. O que significa, naturalmente, que quem engorda fica mais engraçado.

A minha experiência confirma essa ideia. Sempre fui macambúzio e sisudo até engordar. Recentemente, uma colega de curso disse que nunca me viu rir ou sorrir na faculdade. É um exagero, sem dúvida, e além do mais havia aquelas matérias tenebrosas sobre contratos e códigos que me azucrinavam; mas reconheço que nessa época eu era mais trombudo. E também muito mais magro. Quando comecei a engordar (há uns oito anos), o meu sentido de humor ficou mais agudo. Comecei a dominar alguns registos de ironia, trocadilho, inuendo, sátira, provocação ou laracha. Não fiz nada por isso, foi uma coisa que acompanhou o meu alargamento físico como se fosse um efeito secundário. Quando comecei a escrever blogues e depois crónicas, bastantes pessoas me achavam "divertido", coisa que nunca ninguém achou até aos meus vinte e muitos.

Não sei exactamente como é que isto funciona, mas tenho uma tese esboçada. Não creio que sejam apenas questões morfológicas e hormonais que causam um maior sentido de humor; acho que tem a ver com a condição negativa da obesidade. Não há nenhuma vantagem em ser gordo: é mau para o coração, custa mais a comprar roupa, diminui as nossas possibilidades sexuais e prejudica a sociabilidade. Ser gordo é mesmo uma das piores coisas que podem acontecer a um sujeito. O que pode um gordo fazer? Tem sempre um truque: ser engraçado. E especialmente ser engraçado consigo mesmo e com o seu tamanho. Um gordo é divertido pela mesma razão que um homem traído é cínico: por defesa. Tem graça como quem compensa. Como quem se protege. O gordo é como o anão: precisa de transformar a sua aparente inferioridade em entretenimento. E os outros (os magros, os normais) adoram isso. Não querem outra coisa. O gordo é como um urso de circo: basta a condição de urso para garantir a vossa atenção. O meu pai conta que uma vez viu uma peça com o Vasco Santana e que as pessoas riam compulsivamente mal ele aparecia em palco. Riam porque ele era gordo e porque alguém assim tão gordo tem piada. Eis uma constante, de Sancho Pança a John Goodman: o gordo tem piada. O gordo tem um talento especial. Vamos dar atenção ao que diz o gordo.

Não imagino que toda a gente ache graça aos gordos ou a todos os gordos. Há gente que me acha tanta graça como a um manual de zoologia em finlandês. Mas o gordo ganha uma predisposição para a piada e uma predisposição dos outros para a gargalhada. É assim em muitos domínios: os homens com olhos muito grandes despertam sentimentos maternais, os gagos ou os vesgos geram incomodidade. São reacções comuns, provavelmente injustas (como quase todas as reacções comuns), mas compreensíveis (como sempre são as reacções dos outros).

Ricky Gervais só começou a ter graça quando se tornou gordo. O mesmo (à minha escala) aconteceu comigo. Ser gordo tem afinal algumas vantagens. Infelizmente, é mau para o coração, custa mais a comprar roupa, diminui as possibilidades sexuais e prejudica a sociabilidade.

O MACHO ALFA

Almoço num restaurante cheio de advogados. As conversas nas mesas ao lado são tão audíveis que, mesmo que eu quisesse não ouvir, não conseguia. Além de que: eu queria ouvir. Os comensais homens, todos de casaco inatacável e gravata indiscutível, discursavam animadamente para uma legião de meninas bem vestidas, geograficamente decotadas e com olhos coruscantes. O tema era sexual (no sentido amplo). O tom era imbecil (no sentido restrito). Os causídicos eram claramente uns nietzschianos sexuais. Adeptos do voluntarismo e do domínio. O que eles explicavam, com copiosas adendas biográficas e algum chinfrim clownesco, é que as mulheres gostam de homens que sejam homens. Aquilo a que desde há anos chamamos o "macho alfa". Um homem que decide, que comanda, que escolhe. Um homem que impõe a sua superioridade física, a sua resistência às emoções, o seu desempenho sem mácula. O que esses trintões e quarentões anunciavam, com evidente deleite das suas coleguinhas, é que o homem sonha, o homem quer, o orgasmo nasce. E isso com uma tonitruante estima em causa própria e com uma quase alarvidade que não jogava com o seu estatuto social nem com o restaurante.

No mundo zoológico, o macho alfa é o animal, geralmente mais possante fisicamente, que os outros animais seguem e ao qual obedecem. Há nisso toda uma série de rituais de submissão e deferência. Na espécie humana, esse ascendente possui também uma componente física, mas passa essencialmente pelo estatuto social, o desafogo económico, a capacidade de liderança, a masculinidade ostensiva, a arrogância socializada, o calculismo e a frieza sem tréguas. Os machos alfa são extrovertidos, confiantes, decididos, eficazes. Não hesitam, não são sentimentais, não têm angústias morais ou metafísicas. Estão cheios de energia e de testosterona. Têm imensos "programas" e "sítios" na cabeça. São divertidos e surpreendentes e entusiasmantes. E são, outra coisa não se esperava, sexualmente infalíveis. É, pelo menos, o que proclamam ao universo.

A esse propósito descobri num blogue americano uma definição de "macho alfa" em dezoito lições e alguns conselhos. A autora do blogue está entre o confiante e o céptico, meio excitada e meio desconfiada. E escreve coisas destas: "Ser confiante é incrivelmente sexy. Ser confiante é incrivelmente poderoso. Ser confiante é imensamente 'eficiente'. Faz com que toda a gente o siga (....). Não gasta um minuto a duvidar de si mesmo. (....) Há demasiados inimigos, críticos, negativistas e pessimistas que fazem o trabalho de duvidar de si. Por que raio é que você também havia de duvidar de si?" E noutro passo: "Se quer ser um macho alfa, tem de dar. Tem de dar prazer às pessoas, de lhes dar uma razão para estar perto de si, dar aos homens uma razão para quererem ser como você, dar às mulheres o desejo de o terem para elas." Digam lá se não parece uma descrição do José Mourinho.

Mas talvez este arrazoado lembre ainda mais a cómica e pungente personagem de Tom Cruise em *Magnólia* (1999). No blogue que citei, a autora diz que o macho alfa "*assumes the sale*". Ou seja: é um vendedor totalmente seguro de si mesmo, que não respeita muito as mulheres (excepto como troféus) e que acredita nessa necessidade de "*Respect the cock! And tame the cunt!*" que o desaustinado Cruise gritava no filme. Curiosamente, poucos dias depois, jantei ao lado de uns gestores, que discutiram a noite toda os negócios que tinham fechado nessa semana. E a linguagem era, palavra por palavra, a mesma. Decisão, confiança, eficácia, sucesso. Machos alfa, já não do sexo mas do capitalismo.

E eu, que sou um macho ómega, de ambas as vezes lhes desejei boa sorte. E pedi a conta.

DAQUELAS SEM MAMINHAS

Recebi um convite pelo correio. Ocasião: a festa de uma revista masculina, daquelas sem maminhas. O convite, sendo para duas pessoas, não me animava. Mandei um *e-mail* ao director, meu gentil homónimo, que me explicou que aquilo era coisa de gajas e copos (julgo que cito), pelo que a comparência a solo oferecia algumas perspectivas jeitosas. Um optimista sem remissão, como se vê. Eu no entanto continuava pouco contente com esse compromisso sem companhia. Assim, liguei a uma antiga namorada. Se ela queria ir comigo. Ela queria. Lá fomos, meio ladinos, a um convento mudado em discoteca. Seguimos a multidão vestida e despida a preceito e excessivamente esvozeante. Exibimos o convite, passámos por seguranças carecas e depois por uma equipa televisiva devidamente artilhada. Os televisivos andavam à caça de famosos, pelo que a repórter pernilonga olhou para mim como se eu fosse merceeiro e não mexeu um músculo. À entrada, cumprimentei em toca-e-foge alguns conhecidos, incluindo o mencionado director, mais velho que eu mas com um aspecto impecável que me vexou.

Depois, eu e a minha amiga explorámos a geografia das instalações cheias de luzes, primeiro ainda quase às moscas e progressivamente mais compostas. Podemos descrever sociologicamente o evento de duas maneiras. Uma maneira: jovens adultos, do mundo do espectáculo, dos *media* e da publicidade, que conviviam descontraidamente, celebrando o encontro entre indivíduos simpáticos e atraentes e homenageando o triunfo de um intrépido projecto editorial no mercado altamente competitivo do material impresso. Outra maneira de descrever o evento é esta: gente no engate. Esclareço que são conhecidos dois géneros de engate: o engate da gente que engata e o engate da gente que almeja o engate. Eu pertenço obviamente à segunda categoria: apenas desejava comer com os olhos (dizem que azuis) meninas adelgaçantes e roçar cotovelos em decotes cavados. A minha amiga queria simplesmente dançar e circular. Eu circular ainda circulei. Dançar é que nem com lei marcial. A vergonha é uma medida de segurança.

Abastecemo-nos de bebidas (gim tónico, vodca laranja). Ela dançou e eu circulei. Ainda troquei uns dichotes com um amigo, que contou que estava divorciado e de volta à caça grossa. O volume da música aumentou. Apareceram efeitos sonoros sonantes e umas brasileiras de silicone com camisolinhas que diziam *FHM*. E vi apresentadores de televisão com aspecto adúltero, modelos lindíssimas com danos nas narinas, alguns bimbos com medalhas que estagiavam em empresas de exportação, miúdos cheios de muitíssima vontade, quarentões charmosos de camisa desabotoada, jornalistas algo rançosos, um futebolista lesionado, miúdas a trocar mensagens de telemóvel à velocidade da luz, a Isabel Figueira, uma adolescente que se roçou repetidamente na minha região pélvica, um calmeirão com brinco e cicatriz, e uma donzela de vinte e muitos cujos lábios chegavam para pacificar o Médio Oriente. Isto tudo enquanto eu tentava a segunda rodada de bebidas, massacrado pela música dançável e pelos magotes de gente, suando niagaras, e com a minha amiga desaparecida entre martelinhos.

Desisti de mais líquidos. Encostei a uma coluna, como é meu hábito, e esperei que ela voltasse. E, incrivelmente cedo, sugeri que desmobilizássemos. Estava tudo visto. A beleza, a vaidade, o mau gosto, a libido, o capitalismo, o caos comedido e outros conceitos abstractos. A minha amiga acedeu, mas protestou que eu era um chato. Coisa que jamais contesto.

DOCUMENTO

Os brasileiros garantem que "tamanho não é documento". Julgo que não é um provérbio de natureza sexual, mas funciona que nem ginjas nesse domínio. É que existe uma verdadeira obsessão global com o "tamanho". E uma dúvida sobre se esse tamanho é "documento". Os homens temem que sim e esperam que não. As mulheres dizem que não e acham que sim.

Desde a adolescência, com a miudagem nos balneários a medir o seu coiso, que as dimensões do dito são uma preocupação constante. A gente sabe que teoricamente tamanho não é documento, ou seja, que não impede ou potencia nada de especial, desde que esteja "na média" e seja usado com "competência". Mas o que é isso da "média"?

Numa crónica eurocéptica, contestei a mania legislativa da União, que chegou a decretar o tamanho médio do preservativo europeu; o que no fundo significa o tamanho médio do pénis europeu. A legislação causou indignações e protestos. Há dias, apareceu nos jornais um estudo sobre "o tamanho médio do pénis português", suscitado pelo livro do sexólogo Nuno Monteiro Pereira chamado *O Pénis — Da Masculinidade ao Órgão*

Masculino. Segundo a notícia, o dito volume estuda "a identidade, o culto e as características deste órgão". Eu as "características" conheço mais ou menos, dado o inevitável e desagradável contacto. A "identidade" não sei o que seja, e não me agrada nada a ideia de que o meu pénis possua uma "identidade". O mais interessante, no entanto, é a parte do "culto".

É que se trata verdadeiramente de um culto. Dos monumentos fálicos dos povos antigos aos símbolos dos psicanalistas, o culto do pénis é uma constante civilizacional. Os homens são, como dizem as feministas, "falocêntricos". O coiso é o centro do universo. Assim sendo, não admira que os moços se apoquentem com a ideia mítica de que o tamanho é documento. Tanto mais que as mulheres mentem descaradamente em público, quando dizem que isso não importa coisíssima nenhuma.

O estudo de Nuno Monteiro Pereira concluiu que "o comprimento médio do pénis português é de 9,85 centímetros, quando flácido, e de 15,82 centímetros, em estado erecto" (adoro o detalhe dos milímetros). Nesse dia, vi magotes de homens gravitando em torno desta página de jornal, comentando, galhofeiros ou indignados ou inquietos, a investigação peniana. Que era pouco. Que era muito. Que não importava. Que o tamanho "quando flácido" não convencia ninguém.

Aliás, a notícia dava conta da insatisfação dos machos lusitanos com o seu apêndice. Não apenas os titulares de "micropénis" (6,2 flácido e 10,9 erecto) e de "pénis pequenos" (6 a 8 em flacidez, 11 a 13 erectos) que até têm vergonha de despir a cueca; mas também os proprietários do "pénis exagerado" ou do "megapénis" (13,6 em descanso, 19,5 contente) que magoam as companheiras. Os micros são três por cento da população e os pequenotes 18 por cento, o que significa que mais de um milhão de portugueses apagam a luz embaraçados antes de desembainharem o membro viril (ou antes: não especialmente viril). Por outro lado, só cinquenta mil portugas têm um margalho nas calças, e muitos preferiam uma natureza menos pródiga.

Ou seja, ninguém está contente. Nem sequer aqueles que têm o "pénis médio português", que mede 15,82 centímetros. A "masculinidade" a metro é realmente documento, mesmo que as mulheres mintam que não. A matulagem, como aquela que causou grande alvoroço em torno do artigo, acha que o documento é o documento mais importante do mundo. A abundância de números e estatísticas sugere mesmo que andamos todos de reguinha, como putos no liceu. E depois, como no liceu, dizemos que o defeito é da régua.

PATRICIA VILLANUEVA MAVILA

Foi em Junho do ano passado. Estava num sítio caótico chamado Abbey Bookshop (rue de la Parcheminerie, 29, Paris), sentado no chão entre estantes ajoujadas e muralhas de volumes empilhados. A Abbey, que tem um simpático dono canadiano que nos oferece chá e café, é uma tentação para quem gosta da cómoda incomodidade de descobrir livros recentes e antigos a bons preços e no meio da confusão. De pernas encolhidas entre duas estantes da poesia (N. registou o momento com visível gozo), dei com uma edição usada dos *Collected Poems* (1971), de James Wright, editados na Nova Inglaterra pela Wesleyan University Press. É uma edição verde vivo que tem na capa a reprodução de uma escultura de Annie Wright (esposa de James) com dois veados. James Wright nasceu em 1927 e morreu em 1980. Visionário e politizado, na linha de Robert Bly (que foi seu amigo), o poeta do Ohio cultivou uma poesia bucólica, elegantemente adulta e elegíaca.

Estava a folhear calmamente esse livro quando dei com uma pequena fotografia metida entre as páginas. A foto de uma rapariga de vinte e tantos anos, feiinha, morena, de longos cabelos negros. No verso da foto estava escrito, com caneta preta: Patricia Villanueva Mavila. Não sei se a foto estava lá de propósito, ou se tinha ficado esquecida, se Patricia possuía esse livro e o vendeu, ou se alguém o roubou e ganhou uns cobres com ele, ou se ela encontrou o volume na estante da Abbey e meteu a fotografia entre as páginas. Com que intenção? A foto não vinha acompanhada de nenhum contacto, pelo que aquilo não era de certeza um modo de conhecer gente. Ao mesmo tempo, porquê pôr o nome nas costas da foto? E porquê neste livro? Talvez porque Patricia parecia hispânica e Wright traduziu poetas de língua espanhola (os *Collected Poems* incluem versões de Jiménez, Guillén, Neruda e Vallejo). De qualquer modo, esta era uma maneira insólita de comunicar confusamente com o proprietário seguinte do livro, neste caso eu.

Pensei logo em escrever um poema sobre este achado. Mas esse poema já tinha sido escrito por um poeta meu contemporâneo e melhor que eu: é o fantástico "Shirley Ann Eales", de Rui Pires Cabral. Numa livraria inglesa de livros raros e usados, na estante da poesia, o sujeito do poema encontra um voluminho que custa meia libra e traz no frontispício um nome e uma morada. Cito: "(...) Shirley Ann / Eales, de Scottsville — um sumido / autógrafo de maiúsculas magras / e triangulares onde a imaginação / encontra por enquanto pretexto // e oxigénio suficientes para arder. / O livro teve outra existência, / pertenceu a outra casa, a outra mesa / de cabeceira — e o pensamento, / de tão óbvio, conjura de repente / uma vertigem, é um corredor / abrupto para a imensidão do mundo / onde trafica o acaso. Ah, sabemos / que a vida é improvável se damos / por nós a cismar, a meio de uma tarde // insípida, numa mulher desconhecida

/ que lia poemas em Scottsville, nos anos / 70. Mas haverá aqui alguma espécie / de sentido, algum sinal guardado / para alguém mais sábio ou inocente / do que eu? Não sei quem és / nem onde estás agora, Shirley Ann, / mas como seria belo se pudesses / um dia encontrar, por obra da mesma / sorte, o teu nome nestes versos."

Inscrever o nome num livro é mais comum que deixar uma fotografia tipo passe para terceiros encontrarem. Mas talvez a ideia seja a mesma: um tráfico do acaso e um sinal guardado (como diz o poema). É isto que tenho: Patricia e o seu aspecto compenetrado e tristonho, Patricia e o seu nome. Não sei o que fazer desta foto, deste encontro. Sei que se a rapariga fosse muito bonita eu tentava dar com ela de algum modo. Sei que a foto pertence ao livro, que deve ficar entre as páginas de James Wright como se estivesse nele inscrita, como se fosse uma assinatura no frontispício. Como se eu tivesse conhecido a rapariga da foto e isso tivesse ficado esquecido feito um papel que fica dentro de um volume anos e anos.

Patricia Villanueva Mavila nunca vai encontrar este texto.

O AMOR MUDA (TUDO)

O amor é também uma criação cultural. Dos cancioneiros medievais aos românticos oitocentistas, o nosso entendimento sublime das paixões deve imenso aos poetas. Nas últimas décadas, no entanto, muitas ideias adolescentes ou adultas-retardadas em matéria amorosa são menos influenciadas pela poesia do que pelas canções de sucesso. Canções embaraçosamente pífias e patetas mas decisivas na altura em que as ouvimos. Tenciono escrever sobre essa temática nostálgica. Começo com os ingleses Climie Fisher, um epifenómeno da época em que eu tinha dezasseis anos.

O vocalista Simon Climie e o teclista Rob Fisher lançaram o primeiro dos seus dois álbuns, *Everything*, em 1988. O duo mereceu descrições como "*bubblegum*", "*soul* branco" ou "*funk* ligeiro", música de sintetizadores descaradamente comercial. O álbum de estreia (que chegou a número 2 na tabela de vendas inglesa) continha dois êxitos: "Rise to the Occasion" e "Love Changes (Everything)", ambos escritos por Dennis Morgan.

"Loves Changes (Everything)" é uma canção açucarada, gentil e viciante. Cito o texto integral, em inglês: "*I was only seventeen / when she looked at me that way / seems like yesterday // I was only foolin' round / but she stole my heart away / I've never been the same // I have this strangest feeling / like a raging fire it burns / she left I cried for weeks and / I can't forget her / or the lesson that I learned // Love changes changes everything / love makes you fly, it can break your wings / love changes changes everything / love makes the rules, from fools to kings / love changes, love changes everything // Then the year went rollin' by / I grew up and moved away / Had to earn my pay / Found another lover then / but my heart is sad to say / it only ended up the same way.*" Uma sinopse, para os monolingues: ele tinha dezassete anos, conheceu uma miúda e, embora as intenções dele fossem lúdicas, o moço ficou totalmente apaixonado, transformado, transtornado. Depois, ela foi embora e ele chorou longamente. Mas a vida continuou: ele cresceu, arranjou emprego, encontrou outra miúda. Apesar disso, confessa, as coisas acabaram exactamente da mesma maneira.

Recordava esta canção como elegia dos amores de Verão, fulminantes mas passageiros. Isso porque a ouvi muitas vezes num Agosto juvenil, tendo em mente uma menina carnuda e banal que conheci na praia (coisa altamente improvável). Mas agora não encontro nenhuma referência estival aqui, apenas a ideia de que os amores passam de superficiais a intensos, de intensos a dolorosos, de dolorosos a esquecidos. E a ideia ainda mais desagradável de que fazemos o mesmo percurso uma e outra vez, talvez não apenas na adolescência mas pela vida inteira. É então um lirismo mais magoado do que lamechas: ele não ficou simplesmente amarrado a uma memória dos dezassete anos, mas a um padrão de relacionamentos efémeros.

Além da narrativa, a canção contém uma tese. A tese de que o amor muda tudo. Que o amor dá asas (como as que tinha Ícaro) e as quebra (como as de Ícaro, que o sol destruiu). Que o amor estabelece regras (mas também as desfaz). Que o amor transforma loucos em reis (e também reis em loucos, como em Shakespeare: "*A begging prince what beggar pities not?*"). E notem o jogo de palavras no título: não "O Amor Muda Tudo" mas "O Amor Muda (Tudo)". Ou seja: a mesma frase (o mesmo refrão) que nos diz que o amor é um agente de mudança também sugere (sem o parêntesis) que o amor muda. Que é composto de mudança. Nada mau para uma canção descartável.

EU DEVIA TER TIDO MAIS JUÍZO

Continuo a viagem nostálgica pelas canções amorosas de gosto duvidoso que ouvi na minha adolescência. Depois de "Love Changes (Everything)", trago outro mimo: "I Should Have Known Better", um *single* do escocês Jim Diamond que chegou a número 1 no Reino Unido em 1984 (e está disponível no CD *Zugabe: The Best of Jim Diamond*, 2000). A canção, escrita em parceria com Benny Gallagher, é sobre o sentimento de culpa de um homem infiel. Mas é, como veremos, uma culpa bastante mal assumida.

Eis a letra integral: "*And I shoulda known better / To lie to one as beautiful as you / Yeah, I should have known better / To take a chance on ever losing you / But I thought you'd understand / Can you forgive me // I saw you walking by the other day / I know that you saw me, you turned away / And I was lost / You see, I've never loved no one as much as you / I've fooled around but tell me now just who is hurting who // And I should have known better / To lie to one as beautiful as you / Yeah, I should have known better / To take a chance on ever losing you / But I thought you'd understand / Can you forgive me // I-I-I-I-I-I-I-I-I-I / Shoulda known better/ I-I-I-I-I-I-I-I-I-I / Shoulda known better // It's true, I took our love for granted all along / And trying to explain where I went wrong / I just don't know / I cry but tears don't seem to help me carry on / Now there is no chance you'll come back home, got too much pride // And I should have known better / To lie to one as beautiful as you / Yeah, I should have known better / To take a chance on ever losing you / But I thought you'd understand / Can you forgive me / I-I-I-I-I-I-I-I-I love you / I-I-I-I-I-I-I-I-I love you // No-no-no-no-no-no I love you / No-no-no-no-no-no, yeah / And I should have known better / To lie to one as beautiful as you.*"

Aqui vai a sinopse: ele namorava com uma e ao mesmo tempo andou com outra. Agora recrimina-se, diz que devia ter sido mais sensato, que devia saber que não devemos mentir. A verdade é que tomou uma relação estável como coisa garantida e arriscou perder a namorada por uma aventura passageira. Agora ela não volta, e vira as costas quando se cruzam na rua. Ele diz que chorou, que se sente perdido no mundo, e implora o perdão dela.

"I Should Have Known Better" é a mentalidade masculina em quatro minutos e 12 segundos. Ele traiu a mulher que, segundo diz, amava. E no entanto, tirando as lágrimas e as desculpas, ainda diz asneiras e mais asneiras. Coisas como "dei umas voltas" (o indispensável eufemismo sexual). Coisas como "pensei que percebias" (pensei que percebias que os homens são inevitavelmente infiéis, vem nos genes e tal). Coisas como "não devia ter mentido a alguém tão bonito" (se ela fosse um trambolho não havia mal). Coisas como "agora és tu que me magoas" (como se virar costas a quem nos traiu fosse tão mau como trair alguém). Coisas como "não sei onde é que errei" (comeste outra miúda, James, é capaz de ter sido aí que erraste).

Dá ideia que o "eu devia ter sido mais sensato" do título não é arrependimento honesto: é apenas um fulano em estado de necessidade. Um fulano que não ganhou um pingo de maturidade com a experiência.

Quando eu era puto, em 1984, ouvia esta canção e tinha pena dele. Queria que ela voltasse. Hoje, ouço de novo e acho que ele foi um canalha. E não quero que ela volte. Quando era puto, achei que ele soltava aquele estranho "ai ai ai" como em português fazemos quando nos magoamos. Hoje, sei que ele diz "eu eu eu", como um homem patético. Passe a redundância.

ESTA NOITE MORRI NOS TEUS BRAÇOS

Este título é mesmo lamechas. Mas a ideia é continuar o meu esboço de viagem pelas canções românticas enjoativas dos anos oitenta. Desta vez temos os ingleses Cutting Crew, liderados pelo vocalista Nick Van Eede. O álbum de estreia, *Broadcast* (1986) foi achincalhado pela crítica, mas continha o colossal single "I Just Died in Your Arms Tonight", que chegou a número 1 na tabela da Billboard e teve também grande sucesso no Reino Unido. A banda lançou mais dois discos e acabou em 1993. O *All Music Guide* chama a *Broadcast* "uma subvalorizada colectânea de canções de amor simples e sentidas e *pop* acelerado que está nas fronteiras estilísticas entre a *new wave* e o *rock mainstream*." É isso mesmo.

A canção começa com violinos obsessivos e com um Nick exaltado: "*Oh I, I just died in your arms tonight / It must have been something you said / I just died in your arms tonight.*" Mas porque é que ele "morreu nos braços dela"? É a "pequena morte" do orgasmo, uma expressão de felicidade sexual, um desgosto? Eis a explicação: "*I keep looking for something I can't get / Broken hearts lie all around me / And I don't see an easy way to get out of this / Her diary it sits by the bedside table / The curtains are closed, the cat's in the cradle / Who would've thought that a boy like me could come to this.*" Ele procura o que não encontra e só encontra corações destroçados? Esta não é a canção deslumbrada que eu imaginava aos 14 anos. Ele está na cama dela, vê um diário na mesa de cabeceira, as cortinas fechadas, um gato num cesto, e não sabe "como é que um rapaz como eu chegou a isto". Dá ideia de que o Nick, coitado, se sente um simples objecto sexual. O refrão repete "morri nos teus braços esta noite" e termina dizendo que ele se devia ter ido embora: "*I should've walked away.*" E ainda dizem que o *rock* é apenas virilidade anedótica e machismo.

O lamento continua: "*Is there any just cause for feeling like this? / On the surface I'm a name on a list / I try to be discreet, but then blow it again / I've lost and found, it's my final mistake / She's loving by proxy, no give and all take / 'cos I've been thrilled to fantasy one too many times.*" E mais: "*It was a long hot night // She made it easy, she made it feel right / But now it's over the moment has gone / I followed my hands not my head, I knew I was wrong.*" Ele está com o arrependimento da manhã seguinte, diz que decidiu mal, que é mais um homem numa lista de muitos, que ela pede mas não dá nada, que ele foi perdido e achado como um objecto, arrastado de novo pela promessa de uma "noite quente". E agora o momento passou. É talvez este sentimento, raramente confessado em público, que explica o tom dolorido e emocional com que Nick Van Eede interpreta esta canção. Há mesmo o verso lixado "*She's loving by proxy*". "*Proxy*" significa "procuração" ou "substituição". O moço queixa-se de que ela foi com ele para a cama como podia ter ido com qualquer outro. Eis uma rara admissão de masculinidade fragilizada, nos idos de 1986.

Depois do amor passageiro (Climie Fisher) e da infidelidade masculina (Jim Diamond), temos assim nesta minha colecção o homem que se queixa de ter sido um amante descartável. Claro que ele foi com ela porque quis, e que os homens (tal como as mulheres) às vezes romantizam o sexo depois de ele ter acontecido (quando antes era apenas desejo mais ou menos anónimo); mas "I Just Died" não deixa de ser uma canção invulgar. Na minha adolescência, eu pensei que "esta noite morri nos teus braços" só podia ser uma coisa fantástica. Hoje percebo como passamos a adolescência enganados.

AINDA TE AMO / QUERIA MAIS É QUE CHOVESSE

E depois do adeus? Volto à minha listagem de canções duvidosas dos anos oitenta, e trago dois clássicos que são (como diria Assis Pacheco) "basto marmelativos". Canções de despedida que tentam a continuação do amor terminado e que entretanto servem aos adolescentes que dançam agarradinhos.

Começo com os Scorpions, uma banda de boches formada em Hanôver em 1969 e que segundo sei ainda vegeta por aí a tocar em quermesses. O tema que convoco é mais que conhecido, com o vocalista e os guitarristas disputando arduamente o troféu da lamechice arrastada e épica. "Still Loving You" foi escrita por Rudolf Schenker e Klaus Meine e, se fizerem questão, podem encontrar tal preciosidade no álbum *Love at First Sting* (1984) e em trezentas colectâneas de canções amorosas e amorentas. Umas pinceladas da letra, sem exageros: "*Time, it needs time / To win back your love again. / I will be there, I will be there. // Love, only love / Can bring back your love someday. / I will be there, I will be there.*" Portanto e portantos: o rapaz Meine ainda acredita que reconquista o amor dela, julgando que basta esperar e insistir.

Ele diz que vai lutar ("*fight, babe, I'll fight*"), que vai derrubar os muros (de Berlim, imagino) e sai-se com esta: "*If we'd go again / All the way from the start, / I would try to change / The things that killed our love.*" Tipicamente masculina, esta xaroposa sapiência retroactiva: depois da ruptura todos descobrem o que fizeram mal. Vai daí, giolho em terra: "*Try, baby try / To trust in my love again.*" Não sem que Meine nos ofereça esta magnífica dose de empatia que os homens desonestos sempre inventam quando é preciso: "*Yes I've hurt your pride, and I know / What you've been through.*" Mas ele, empatias e tudo, não aceita um não, implora uma chance, esperneia, e amanda da laringe e da faringe e da traqueia e do esófago um "*I'm still loving you*" tremendo, que é uma coisa que os moços geralmente garantem por palavras depois de terem desmentido por actos. Em Hanôver como no Caramulo.

Se os escorpiões não aceitam o fim, já Phil Collins aceita tudo e mais umas botas. O careca baixote andou numa banda vanguardista e descobriu o melaço aos trinta anos, quando a sua legítima deu umas voltas com outro cavalheiro. Assinalou a ocasião escrevendo o plangente e algo reiterativo "In the Air Tonight", e a meteorologia continuou num tema de 1989 chamado "I Wish it Would Rain" (do álbum *But Seriously*). Abreviando: "*You know I never meant to see you again / and I only passed by as a friend / All this time I stayed out of sight / I started wondering why.*" Se ele se afastou, foi porque ela disse que não precisava dele na sua vida (e ele acha que ela tem razão, que a magoou, que a desiludiu). Estranhamente, o tio Phil não vem com choradinhos, embora chore que se farta. Se ele espera um sinal ("*I'm just waiting on your sign*"), também tem a certeza de que nunca mais a terá como dantes ("*I know I'm never gonna hold you again*"). Ao contrário dos namorados enganadores, que sempre imaginam que tudo se vai recompor, o nosso cão batido Collins é provavelmente a vítima, o enganado. É um coitado que, como todos os coitados, perdeu o direito ao coito. Gostava, mas sabe que, temos pena, não pode ser nada. E invoca, como um Homero a sair do metro em King's Cross, a chuva: "*Now I, I wish it would rain down, down on me / Yes I wish it would rain, rain down on me now*." Uma chuva que traga purificação e esquecimento, que lave os pecados, que seja castigo e redenção. Este Phil, ao contrário de outros marmanjos, é mesmo um bom rapaz. Mas os bons rapazes, toda a gente sabe, não se safam com as mulheres. Nem que chova a cântaros.

A NOSTALGIA CITADINA

Atravessava a avenida Almirante Reis, em Lisboa. Decidi comer e beber qualquer coisa. Entrei no Café Império, adjacente ao antigo e colossal cinema com o mesmo nome. Quando me sentei a uma mesa do canto e olhei em volta, notei uma atmosfera de desolação. As instalações estavam visivelmente degradadas, havia poucos produtos no balcão, apenas dois clientes, e os empregados ostentavam uma melancolia aguda. Percebi pela conversa que o Império ia fechar no dia seguinte. Eu não fazia a mais pequena ideia. Não entrava ali talvez há dez anos, e já nem sou do tempo desses salões gigantescos, cheios de homens animados que liam vespertinos e criticavam ministros. Aliás, praticamente nunca fui ao Cinema Império, que agora alberga uma daquelas intrujices tropicais a que alguns sociólogos chamam "novos movimentos religiosos". Embora eu não frequentasse o Café Império, essa espécie de salvado em mau estado, agora que estava ali, no último dia de existência depois de décadas, trincando uma triste empada e dando golinhos numa água mineral, fiquei quase tão triste como os moradores da Alameda que entravam e saíam com os seus lamentos de velhos, as suas memórias de dias idos, os seus votos amáveis. Saí do Império como quem se despede, algo culpado, como se não ter sido cliente do café tivesse contribuído para o seu encerramento.

Sensivelmente na mesma altura, descendo a Álvares Cabral, passei pelo salão de jogos Monumental. Na altura da faculdade eu era cliente assíduo, e ia com um amigo jogar *snooker* e discutir a frieza das mulheres e a penhora judicial. Era um entretenimento quase provinciano, num salão que por razões talvez arquitectónicas me parecia ter traços coloniais, uma certa indolência masculina, uma lentidão, um pessimismo metido consigo. Já então o salão de jogos tinha um aspecto acabado, com panos verdes coçados e máquinas desligadas. Agora, no mesmo dia em que passei pela Álvares Cabral e me lembrei disso, soube que o salão ia fechar. Antigamente servia o famoso Jardim-Cinema (de que sei muitas coisas por via cinéfila ou literata), e também era poiso de alunos do Liceu Pedro Nunes. Agora estava reduzido a pouca gente, quase nenhuma, espécie de relíquia improdutiva no meio da cidade. E eu tive saudades do específico ócio dos tempos da faculdade, das amizades ainda não envenenadas, das tardes de uma Lisboa demasiado antiga para ser verdade.

Escusado será dizer que durante semanas evitei entrar em edifícios históricos, ou sequer passar por eles, com medo de que eu fosse um urubu que anuncia a morte (mesmo que a desconhecesse). Entretanto, o Café Império escapou ao abastardado Reino de Deus porque arranjou quem apostasse nele e reintroduzisse movimento e dinâmica na mais longa avenida da cidade. Quanto ao salão Monumental, sei que se gerou um protesto de clientes conhecidos, mas não sei com que resultados.

Eu aceito que as cidades mudem, que a viabilidade financeira dite as suas leis, que a paisagem citadina se transforme. Mas custa ver fechar edifícios emblemáticos, mesmo quando são para nós elementos decorativos, que não frequentamos. A cidade está cheia de locais desses, locais de encontro que de repente fecham e às vezes nem mudam, ficam décadas entaipados, como os vários cinemas que parecem fantasmas em sessões contínuas. Eu sei que há novos hábitos, uma nova demografia, a concorrência de espaços mais modernos. Mas a cidade é também um teatro de memórias, emoções, nostalgias. Quando fecha um grande café ou um cinema, isso significa uma pequena morte para quem vive na cidade. Lisboa está cheia de pequenas mortes.

64 POSIÇÕES

Um amigo de Almada emprestou-me o *Kama Sutra*. Eu tinha talvez vinte e um anos e, embora me tivesse referido jocosamente ao *Kama Sutra* algumas vezes, nunca tinha obviamente lido esse clássico maldito. O meu colega possuía uma edição portuguesa, se bem me lembro numa daquelas colecções tipo Reader's Digest sobre clássicos do erotismo ou coisa que o valha. Curioso, pedi o livro emprestado, como se fosse uma cassete porno, e meti-o entre o Manual Administrativo e o Código Penal. Chegado a casa, à noite, desocultei o volume ilustrado e dei uma vista de olhos.

Qual não foi o meu espanto. O *Kama Sutra*, na imaginação pueril e ignorante de heteros insatisfeitos como eu, era uma espécie de Bíblia e *Enciclopédia Britânica*, com um bocadinho de mecânica popular e de marquês de Sade com caril. O *Kama Sutra*, escusado será dizer, não é nada disso, excepto a parte da mecânica popular. Eu ia lendo e ia ficando banzado com aquilo. Aquilo, em primeiro lugar, era um poema. Um longo poema de elogio e glorificação do casal. Uma espécie de Cântico dos Cânticos com pénis e vagina.

Depois, não tinha nem sombra de pecado. E eu, catolicozinho até dizer chega, sentia falta de uma proibição, de uma angústia, de um interdito. Ali era tudo tão natural como a sua sede, um canibalismo brando com toda a gente disposta a isso, assim aguentassem a pedalada. Essa, aliás, foi a minha principal surpresa: a geometria, a geografia, a aeróbica daquilo tudo. Estes indianos eram uns contorcionistas sexuais. Tinham posições que eu não conhecia, posições que eu não conseguia e posições que eu não compreendia. Aquilo era ginástica hermética para sobredotados.

Na verdade, o Kama (desejo) Sutra (fio ou discurso) é simplesmente um conjunto de textos sobre o amor, no sentido mais lato do termo. A composição do texto é atribuída a um intelectual celibatário chamado Vatsyayana, que viveu talvez no século IV, uma época de prosperidade na Índia. Os 36 capítulos do livro não são todos sobre posições, ainda que estas sempre tenham sido mais divulgadas. Há também textos sobre o casamento, as regras de conduta, o conhecimento do mundo ou os modos de levar uma boa vida. É portanto um texto filosófico, que procura compreender e estimular a importância da sexualidade numa vida sábia. Isto em sânscrito talvez faça sentido. Em português, o *Kama Sutra* é um manual de javardice, com passagens sobre dentadas no acto sexual e o uso de dildos, que fazem do livro uma coisa pornográfica (o que evidentemente não passou pela cabeça do Vatsyayana). Ler o *Kama Sutra*, com olhos ocidentais, é um exercício no choque de civilizações.

E é disso que me lembro. Lembro-me de devolver o livro extasiado e assustado com a existência de 64 posições, algumas das quais acarretavam certamente luxações e torcicolos. Eu conhecia umas três posições e imaginava apenas outras três. Aquilo para mim tinha os contornos do material pornográfico, que ao mesmo tempo promete mundos desconhecidos e é francamente optimista (ou francamente mentiroso) no capítulo do prazer sexual. Devolvi o livro achando que a sexualidade era um tema de ideologias perigosas e ficções quase científicas. Disse ao meu amigo almadense que aquilo era incrível. Impossível. Ele, ateu confesso, culpou o meu catolicismo, a minha educação que me fechava as portas a mundos de delícias infindáveis. O meu amigo gozou brandamente com o meu choque e disse que eu não tinha salvação. Depois, com um ar satisfeito, queixou-se de um incomodativo torcicolo.

SANTA MARIA

O Hospital de Santa Maria, em Lisboa, não é exactamente um elefante branco, visto que não se trata de um edifício inútil. Eu penso nele mais como uma grande baleia branca (como no romance de Melville) ou um grande peixe que nos engole (como o que engoliu Jonas ou Pinóquio). É um gigante no meio da cidade, que mesmo quem conhece não conhece inteiramente. Há uns anos passei uma "temporada no inferno" nesse gigantesco estaleiro. E ainda hoje é das minhas memórias mais vívidas, embora às vezes bastante enevoada pelo sofrimento alheio e pelos meandros dos intermináveis corredores.

Recordei de novo tudo isto por causa de uma reportagem publicada na revista *Visão*. Grande parte do fascínio do texto está desde logo na simples enumeração numérica. O Hospital de Santa Maria é uma verdadeira cidade visível e invisível. Cento e trinta mil metros quadrados, onze pisos, 1109 camas, mais de cinco mil funcionários, 1118 médicos e 1595 enfermeiros, 18 mil pessoas que passam diariamente pelo conjunto de edifícios. Além das várias secções correspondentes às especialidades, há todo um mundo interno que inclui correios, bancos, restaurantes. E há também um mundo oculto, as catacumbas, que mesmo os seguranças evitam e onde às vezes se descobre gente vinda de lado nenhum. É esse lado mastodôntico e tenebroso que ainda me assombra. Uma vez atravessei o hospital para uns exames e fui vendo essas 4500 portas (pensando em quem chegava ou não chegava nunca) e 5400 janelas (que tinham ramagens e pássaros e um alto negrume noite dentro). Os corredores gigantescos. Os elevadores, apenas 16, mas cheios e pesados. E depois essa espantosa fauna de estagiários e alunos de medicina e mães chorosas e o homem cigano que se esvaiu em sangue na cama em frente da minha. E o jovem médico que discutiu Nietzsche comigo. A enfermeira de seios muito redondos e cabelos muito pretos que parecia quase feliz no meio da tristeza que no fundo não aceitava. O director que passava revista às tropas com aforismos. As visitas acabrunhadas. O meu tempo que ainda não tinha chegado.

O Hospital de Santa Maria é um edifício alemão construído no início dos anos cinquenta. Continua a ser o maior hospital português. Depois desse episódio ainda nos tempos de faculdade nunca mais lá estive, mas não esqueço a enorme fachada degradada, umas traseiras quase soviéticas de cimento e fissuras e tinta estalada, e eu achando que aquilo parecia uma imensa metáfora concentracionária mas muito concreta nas vidas que a enxameavam. No hospital se nasce (há uma maternidade) e se morre (há uma morgue). E tudo o mais que entre nascimento e passamento acontece, incluindo almoços e defecações. Talvez tenha sido isso que também me chocou na altura: imaginar que ali dentro estava tudo, que fora daquele sítio tudo eram ilusões e distracções, porque nessa baleia branca estava o que somos. Somos neurologia, cardiologia, coisas assim. Pedaços mal colados e mal empregados. E uma vida inteira acontece entre aquelas paredes que nunca acabam, mesmo quando um de nós acaba. Leio na reportagem que no hospital usam a expressão "levantar voo" como eufemismo administrativo da morte de algum inquilino. É mesmo isso que queremos, deitados numa cama, quando vemos uma avezinha que se aventura, saltitante, empoleirada na árvore que espreita os pacientes. Queremos levantar voo, acima do cimento e da neurologia, acima deste grande hospital em que vivemos. E isso mais tarde ou mais cedo acontece. O hospital (o que agradeço) cuida para que seja mais tarde.

A AMIGA FEIA

Um amigo meu diz que vai ao cinema e acrescenta: "Vou com a minha namorada e com uma amiga feia." Ouvi isto e fiquei fascinado com a subsistência dessa instituição em que não pensava há muito: a Amiga Feia. Explico: não se trata apenas de uma amiga, como outras, mas de uma que calhou esteticamente desfavorecida. A Amiga Feia é um posto, como o Guardião dos Selos inglês. Ser a Amiga Feia de alguém é uma carreira, como o funcionalismo público. E tão apoucada como o funcionalismo público.

Nos meus anos de liceu e faculdade, todas as miúdas giras tinham uma Amiga Feia. Era a melhor amiga, a confidente, a secretária, a serviçal. A miúda gira não ia a lado nenhum sem a Amiga Feia. Nós tínhamos de negociar com a Amiga Feia, discutir questões de agenda, tínhamos de tentar ser amigos dela, tínhamos de fingir que a Amiga Feia não era feia. A Amiga Feia era o órgão de soberania com o qual arbitrávamos a nossa intenção de chegar à miúda gira. Como recompensa, a Amiga Feia às vezes (mas raramente) ficava com alguns dos pretendentes feios à miúda gira.

Nós, rapazes, discutíamos as estratégias com a Amiga Feia como generais na sala dos mapas. A Amiga Feia estava disponível para reuniões e despejos emocionais, estenografava as nossas intenções para depois as transmitir embelezadas, aconselhava os nossos egos inquietos em termos de possibilidades e camisolas. A Amiga Feia estava imbuída da simpatia das classes exploradas e irmanada connosco na frustração amorosa (talvez a Amiga Feia cobiçasse os rapazes giros, mas nunca falava disso). Ela gozava da pequena liberdade vicentina de, como serva, criticar a sua senhora, mas de modo bastante benigno. Sem a miúda gira, a Amiga Feia não tinha vida social de espécie alguma, não estaria sempre rodeada de rapazes como de facto estava, embaixadora altiva ou espectadora tímida dos fogosos amores alheios. Sabendo isso, nunca mordia a mão que a alimentava.

É claro que as miúdas giras não confiavam nas outras miúdas giras (em cada turma havia umas seis). Elas precisavam de ter como sombra quem não lhes fizesse sombra. A Amiga Feia oferecia fidelidade misturada com algum desespero e uma certa vontade de ascensão social. Oferecia um ombro, ajudava nos testes, estava sempre à mão. Além de que, por contraste, a Amiga Feia tornava a miúda gira deslumbrante. A Amiga Feia, brincavam os rapazes com a sua crueldade hormonal, era aquilo a que tínhamos direito se não conseguíssemos a miúda gira. Os mais brutais de entre nós declaravam então que preferiam o onanismo eterno a tal sorte. Éramos uns selvagens.

Com os homens as coisas não se passavam assim. Os homens bonitos, por razões homossociais mais ou menos recalcadas, tinham amigos bonitos. Os homens feios e remediados só se davam com remediados ou feios. Eu nunca tive amigos bonitos, pelo que nunca estagiei como Amigo Feio de ninguém. Mas sentia uma estranha empatia e compaixão pela Amiga Feia, embora deplorasse a sua fealdade, por questões de princípio. Talvez, diziam algumas mulheres que não gostavam da miúda gira, a Amiga Feia fosse muito mais "interessante". Nós, rapazes, talvez admitíssemos vagamente essa hipótese, mas respondíamos sempre que "interessante" é o que se diz de uma miúda feia.

Quando o meu amigo, agora que somos trintões, me falou de uma amiga feia da sua namorada gira, eu soube que não era apenas uma colega gordalhufa ou uma vizinha bexigosa: era uma Amiga Feia, esse cargo que depois do liceu e da faculdade significa que se fracassou na vida, capacho das amigas giras, alvo de desprezo ou piedade, gente sem personalidade jurídica. E percebi então que as coisas mudam muito com a idade, mas que a crueldade continua igual.

SANTO ANTÓNIO DOS CAVALEROS

Quando nos despedimos e trocámos moradas, ela disse que vivia em Santo António dos Cavaleiros. Ainda nos escrevemos, eu na minha letra grande e desajeitada e ela na sua caligrafia (suponho) miúda e desenhada. Mas pouco a pouco foi havendo cada vez menos cartas, naquela espécie de morte suave que sempre me cativou. E nunca mais pensei em Santo António dos Cavaleiros. Até que uma vez tive não sei o quê nesse reino remoto e maravilhoso e percebi que não era nem remoto nem maravilhoso.

Não sei dizer o nome dela. Tento e não sei. Esqueço todas as coisas importantes com a mesma facilidade que esqueço as triviais. Esqueço por repressão, sublimação, acto falhado. Esqueço porque o que se esquece não nos magoa. Não sei onde tenho as cartas, se as tenho, se as guardei, não posso recuperar o nome dela. Não foi uma apaixonada de Verão, porque eu nessa época ainda não me apaixonava. Foi alguém com quem, como dizem os brasileiros, pintou um clima. Mas o clima que pintou era casto, na companhia dos pais, um companheirismo sem libido, um reconhecimento sem desejo.

Não me lembro do nome dela. É possível que tenha sido a primeira rapariga, ou seja, a primeira que eu reconheci como rapariga, como diferente e benigna, depois dos anos de início da adolescência, em que todos odiávamos as raparigas (mesmo os que já dormiam ocasionalmente com alguma). Um dia, pela primeira vez, numas férias de Agosto, houve um acampamento, uma camaradagem, uma reciprocidade. Uma coisa talvez semelhante ao amor dos filmes, mas que ainda não era amor, era doce e sem angústia. Ela era alta, morena, medianamente bonita e ao mesmo tempo serena e viva. Nada nela era revoltoso ou problemático. Gostava dos pais e eles dela. Ajudava as pessoas. Tinha confiança sem arrogância. Ainda vejo como se mexia, como andava, como compunha o cabelo pelos ombros, como acalmava as tempestades que não havia com uma brandura como poucas vezes conheci e nenhuma vez amei.

Fizemos teatros, caminhadas, trocas de conchas, sentíamos em cima das nossas cabeças a expectativa dos mais velhos, um rapaz e uma rapariga acabados de se descobrirem rapaz e rapariga e talvez feitos um para o outro. Sei que não pensávamos nisso. Que apenas reconhecíamos silenciosamente que havia um coisa diferente dos homens (as mulheres) e uma coisa diferente das mulheres (os homens), e que isso era pela primeira vez interessante, um ardor não de espinho mas de espuma. Na praia, presidíamos às brincadeiras dos mais novos como se fôssemos adultos, cheios de responsabilidade e compaixão. Não trocávamos relances equívocos, gestos maliciosos, mas já nos queríamos bem um ao outro antes de sabermos o que isso era exactamente.

Doeu tanto o fim do Verão. A nossa despedida, os pais já no carro (ou imagino isto?), e Santo António dos

Cavaleiros, que no papel, com a letra miúda dela, era um El Dorado, um reino de Sião. Trocámos cartas, ela para Lisboa e eu para Santo António dos Cavaleiros, até que as cartas foram escasseando. Não me lembro de nada do que escrevemos, nem do nome dela. Quando, há não muitos anos, estive em Santo António dos Cavaleiros, espantou-me aquilo ser tão perto, tão feio, tão sem fascínio. E ela tão diferente de tudo isso. Não havia magia em Santo António dos Cavaleiros, porque esse nome tinha ficado esquecido durante anos (mesmo nos anos em que nunca pensei nisso). Um reino esquecido, um reino de uma possibilidade. E, afinal, tudo tão prosaico como as lacunas da memória, as cartas perdidas, os rapazes e as raparigas envelhecidos que nunca mais serão assim rapazes e raparigas inocentes, de espuma.

OS BONECOS ANIMADOS

Não devemos, é mais que sabido, regressar aos lugares onde fomos felizes. Eu tenho um continente inteiro de felicidade a que raramente volto: a infância. Para alguém com uma memória altamente deficiente, selectiva e derrotista, como eu, é mais frequente que a infelicidade (e a recordação da felicidade) surja a cada indício, a cada evocação. Já a felicidade é como um bloco, um tempo que talvez nunca tenha acontecido. Ou então, segundo sugere a psicanálise, talvez um bloco de felicidade seja uma mitologia, um modo de obstruir qualquer investigação. Como se fosse uma caixa selada, que diz "felicidade" e cujo conteúdo nunca mais se discute.

Há cerca de dois anos estive na Figueira da Foz durante um dia. Eu passei todos os meus verões na Figueira até ao fim da adolescência, em Agostos calmíssimos e um pouco antiquados, com aquele areal imenso e um sentimento difuso de comunidade, de convívio entre conhecidos, de burguesia a banhos. A Figueira não é apenas o meu passado (a minha infância) mas a minha ideia do passado (de um tempo antigo). Uma cidade pequena e balnear, com as ruas feitas de propósito para conquistarem um lugar tranquilo, indiscutível, na nossa memória, cores amarelas, áleas cheias de sombra, vivendas elegantes e modestas, bairros de desenho quase pueril, o luxo quase só despontando nas esplanadas com turistas, e mesmo assim muito discreto, árvores que sussurravam com as ramagens nas nossas janelas. E, na rua do Casino, os bonecos.

Já não me lembrava dos bonecos. Dessa caixa de truques à entrada de um salão de jogos e que com uma moeda se animava, as articulações de madeira transformadas em teatro, os fios que mexiam as marionetas mecânicas, os músicos e os cavaleiros e a demais companhia que nos deliciava com o seu pequeno cinema. Não me lembrava dos bonecos, desses fins de tarde em que uma moeda valia uma sessão, nossa ou tomada de empréstimo de outros, um semicírculo de miúdos felizes com uma música festiva e as personagens articuladas que saíam dos seus sítios para durante dois minutos nos mostrarem o mundo de plástico e vidro em que estavam encerradas, fazendo o nosso mundo mais vasto e mais pequeno, igual ao delas, mas sem limites, a nossa imaginação como se tivesse os arames que guiam as marionetas, tornando tudo possível ao preço de uma moeda ou ainda mais barato.

Talvez não devesse ter regressado ao lugar onde fui feliz, ou assim me lembro dele, com as ruas baixinhas, quase de brinquedo, as multidões sempre pequenas, os vestígios da praia ainda no corpo ao fim do dia, entre um gelado e a caixa dos bonecos. Quando regressei, de passagem, a cidade estava irreconhecível, mais ampla e moderna, já não era minha. Agora a Figueira da Foz só existe na minha lembrança ou imaginação, se é que há diferença entre uma e outra. Reconhecia os sítios mas não reconhecia o espírito dos sítios, indestrinçável de quem eu fui, da infância como me lembro dela, plácida e segura e cheia de possibilidades. Envolto nessa estranheza, entro na rua do Casino e vejo aquela ancestral montra dos bonecos, aquela caixa de madeira e metal, ainda na mesma entrada do mesmo salão de jogos, mas agora uma diversão arcaica, museológica, tão distante como a infância ou os anos setenta. Ninguém lhe ligava nenhuma. Ninguém usava uma moeda que tivesse sobrado, suponho que euros agora em vez de escudos. Os bonecos estavam parados, não tocavam, não dançavam, não faziam a sua coreografia automática e mágica. Meti a mão ao bolso e peguei numa moeda. Quis pôr a infância em acção, musical e cromada, ali à vista de todos e à minha, o circo ambulante e estático da minha infância por interpostos bonecos. Hesitei. Desisti. Virei costas e pensei: "Nada de melancolia."

A MINHA RIVIERA

Passei os verões todos da minha infância e adolescência nessa praia com o areal imenso. Agora regressei, década e meia depois, e o areal parecia mais acessível, embora nessa época certamente o percorresse em menos tempo. Não desci à praia desta vez. Não gosto, e além do mais tenho medo, por razões explicáveis e outras menos. Regressar aos locais "onde se foi feliz"? Uma espécie de felicidade, aceito. A felicidade da ignorância e da possibilidade, da simplicidade e da poesia que não respondia por esse nome.

Em frente da varanda do meu quarto de hotel, as passadeiras extensas de madeira sustentando famílias em infalível fila indiana. Toalhas e mochilas, chapéus e lancheiras. Nada das multidões algarvias, felizmente, do Algarve onde nunca fui feliz embora tenha sido ignorante, uma praia de rosto humano, esta, como se dizia do socialismo, mas aqui sem ironia. Quase mais espanhóis do que portugueses, não me lembrava disto assim, um ou outro italiano e franceses de primeira geração, gente da zona centro, pais com filhas. As esplanadas frente ao mar iguais, como dantes, pacatas mesmo quando concorridas, sempre com famílias empiristas, gelados em cima, mariscos em baixo, os bancos de madeira frente ao Relógio, onde podemos meditar melancólicos com o farol em fundo sobre o lado esquerdo.

A placidez é a mesma de antigamente. Andei pelas ruas interiores, os prédios baixos, amarelo-torrados, muito desbotados pelo sol e pelo tempo, alguns degradados, mas já estavam assim, ou quase, há vinte anos. Não me lembro de quem escreveu que as memórias dos dias de nevoeiro se confundem com o nevoeiro das memórias. Havia uma espécie de nevoeiro emocional quando percorri as lojas discretas de artigos estivais, as farmácias concorridas, o mercado demasiado grande e tristemente vazio, o café da esquina onde eu jogava máquinas e que agora já não tem máquinas, os arcaicos e magníficos salões de jogos, agora fechados, como aquele, elegante e quase Riviera, ou aquele outro que tinha carrinhos de choque e tudo, e que agora sei que se chama ou chamava Luna, porque as coisas ficam mas não os nomes.

Eu lembro-me de uma Figueira da Foz agradavelmente provinciana, antes do *aggiornamento* cosmopolita, uma Figueira com pão (manteiga ou marmelada) e circo (Chen ou Cardinali). Andei à procura de uma comovente loja de brinquedos onde comprei soldadinhos com Rommel e Montgomery. Não a encontrei, nem ao sítio, e dizem-me que nunca existiu. Há sítios totalmente mudados, prédios, quarteirões, mas outros sei que os conheci no meu passado remoto e agora não os encontro e é como se os tivesse inventado. Nas imediações do Casino, tudo na mesma. O mesmo café central e a casa Havanesa, e gente aos magotes nos restaurantes. Quando era miúdo não conheci estas ruas às duas da manhã. Não sei se estavam cheias e ruidosas; agora estão cheias e ruidosas. As raparigas têm a idade que eu tinha então (não vi mulheres de trinta anos), parecem menos tristes mas não mais felizes.

Ando pela marginal junto da praia, sem nunca chegar a Buarcos (que está irreconhecível), ficando apenas pela minha pequena Riviera. Aqui aprendi tudo e não aconteceu nada. Uma espécie de pobreza sentimental, mas daquela pobreza que faz de tudo um luxo. E que vive esse luxo com espanto e gratidão. Sei que por mais que regresse não regresso nunca. Há momentos em que sinto um aguilhão no estômago como se fosse na consciência, uma nostalgia desolada, uma coisa tão sem fim como o areal pela praia dentro, em direcção ao oceano.

Num conto de John Updike, "Lifeguard", um seminarista trabalha no Verão como salva-vidas. É um homem que se alegra com a alegria dos outros e se compadece das suas misérias. De cima da sua cadeira altíssima, vê a praia toda como uma parábola. E espera que venha uma onda mais forte, para que possa enfim salvar alguém.

O EMPATA

Não vem na *Fundamentação da Metafísica dos Costumes* mas devia. Se existe no mundo um "imperativo categórico", é a solidariedade heterossexual. Um homem nunca põe obstáculos aos desejos carnais de outro homem com uma mulher, excepto se for dela pai ou filho ou pretendente. Os homens são naturalmente competitivos, mas quando não existe competição a solidariedade é a regra de ouro. Se um homem está interessado numa mulher, os outros homens têm a obrigação moral de o ajudar. Isso implica que dêem informações, números de telefone, que facilitem encontros, inventem desculpas, que emprestem o telemóvel e o automóvel. Um homem que não faça isto comete traição masculina. Pode ser um moralista ou um canalha, mas é em todos os casos um empata. E não há categoria moral mais repugnante que o empata.

O que é que o empata empata? Como este é (como se dizia antigamente) "um jornal de família", não vale a pena escrever as letras todas. Ele empata aquilo que não se empata a ninguém. E faz isso com gozo e impunidade. Esta malfadada figura cria barreiras entre homens e mulheres, desobedecendo vilmente às ordens de Javé e outras divindades que quiseram que a gente crescesse e se multiplicasse e tal. O empata não reconhece esse imperativo categórico como uma lei ética independente da decisão pessoal e que se aplica a toda a gente. Empatar o aconchego alheio é uma atitude semelhante à omissão de auxílio a um atropelado. Não vejo porque é que uma coisa é crime e a outra não. É o mesmo dever de humanidade básica que está em jogo. E é exactamente isso que o empata não reconhece. O empata nega a sua humanidade e a dos outros. O empata é um monstro ético.

Há uns tempos perguntei a um cidadão alguns dados sobre uma rapariga que tinha conhecido. O meu tom foi cordato e casto. A curiosidade talvez mate o gato, mas também lhe dá vida, e eu estava mais curioso do que um gato curioso. E daí não vinha mal nenhum. O próprio cardeal Ratzinger me teria fornecido informações sobre a miúda, tivesse ela sido sua aluna em Tubinga. Mas este camarada não estava pelos ajustes. Que não, que não podia, não sei quê, a deontologia e o catarino, que não estava em condições de, que nunca se permitiria. Não sei como ele reagiria se o aliciassem para um desfalque ou uma limpeza étnica, mas não imagino um discurso mais beato e sisudo. Estava ali, à minha frente, um exemplar raro, tipo lince da Malcata, do empata.

Este posterga-coitos achava que era a barragem de Cahora Bassa da moralidade alheia. O Catão de Campolide. Aquilo que o próprio Kant (não exactamente um folgazão) reconheceria ser um dever ético básico, este atrasa-cópulas recusava com cara de caso. Não estava nas suas competências exercer a solidariedade masculina, ainda que na sua versão mais superficial. Imediatamente se tornou um poço de virtude, um dique de decência, um enjoado, um Savonarola de Sacavém. Este obstaculiza-amplexos cuspia em milhares de anos de luta pela decência ética, cuspia nas Declarações dos Direitos do Homem e na "*pursuit of happiness*" americana. Diz-se que o próprio Moisés trazia uma décima primeira tábua que estipulava o imortal "não empatarás", mas parece que a deixou cair entre uma sarça e dois arbustos, que a vegetação no Antigo Testamento era um bocado madrasta.

O empata fazia tábua rasa de uma civilização que assentou sempre na solidariedade masculina, um dos últimos portos de abrigo neste mundo-cão. Disse que não, que não devia, que não se permitia, o pedaço de asno, a bestiaga, calcando aos pés uma das mais belas criações do espírito humano que é a fraternidade entre um homem e outro homem. Empata da pior espécie, idiota chapado, doutor Mengele da amizade, ele não foi capaz daqueles mínimos olímpicos do "é tudo o que sei, espero que te safes", este empata dos empatas, este catastrófico castrado, sacristão dos desejos dos outros, Bokassa da decência humana.

O NOVO MUNDO

Onze vezes Lisboa, só em gente. Nunca tinha tido esta percepção tão esmagadora de uma metrópole, onze milhões de pessoas numa cidade, e uma cidade, pensava eu estudando o mapa, que cresceu sem lógica evidente, não é nada "iluminista" esta grelha urbana de estradas e avenidas, cheia de incongruências, surpresas, decepções e maravilhas. O mais flagrante, quando se chega a São Paulo, é que se trata de um destino turístico atípico. Os guias da cidade dedicam as suas páginas quase em exclusivo ao que há para fazer. Ver, pouco; *fazer*, tudo; bem-vindo a São Paulo.

Quase não existem aquelas amenidades da "zona histórica" e dos "monumentos nacionais", mas abre-se um jornal e há centenas e centenas de cinemas, que exibem desde *Tropa de Elite 2* a Ozon e Ozu, mais de cento e trinta peças em cartaz, incluindo Shakespeare e Shepard; um grande museu de concepção modernista e colecção impecável, onde encontrei Velázquez, Bosch e Renoir; restaurantes onde garantem que servem a melhor carne do mundo; lojas opulentas, sobretudo lojas de roupa, de todas as grandes cadeias; um parque fantástico, Ibirapuera, pulmão numa cidade agreste, gigantesca pausa bucólica, com arquitectura de Niemeyer e uma bienal que deu polémica porque um artista usou urubus vivos; há editoras ideais como a Companhia das Letras, que publica Roth e as letras de Chico Buarque, a seriíssima Martins Fontes, sisuda como a PUF, cheia de filósofos jusnaturalistas e especialistas em epistemologia e Jung; há jardins que interrompem o asfalto, como o Trianon, existe mesmo uma zona chamada Jardins, talvez a mais agradável da cidade, e em Higienópolis apetece passear nas ruas sem pressas nem angústia.

Os taxistas paulistas são afáveis, coisa nunca vista, percorro de táxi bairros que não cheguei a visitar numa semana, quarteirões residenciais da classe alta, vivendas com videovigilância e prédios enormes, destemidos, cheios de arrebiques rococós; mas também grandes descampados incongruentes, comerciantes a descarregar contentores, lanchonetes ao lusco-fusco em cima dos passeios em mesas de plástico com chopes bem gelados e salgadinhos, incontáveis japoneses em grupo e libaneses afadigados. Uma rua, chamada Augusta, parece um enorme puteiro que atravessa a cidade. E os automóveis enchem as ruas até de madrugada, cruzamentos cheios de carros, não cabe mais um, um trânsito incessante; passeios sujos, casas degradadas ou sem espaço para mais grafítis, um estendal quase aldeão num prédio moderno, a Avenida Paulista com as suas grandes torres de negócios, Manhattan lusófona, as pessoas discutem negócios em todo o lado, fazem negócios, compram, vendem, trazem jornais económicos debaixo do braço, milhares de homens e mulheres de negócios descendo das suas torres na Paulista depois de um dia de trabalho, e uma chuvada primeiro esporádica, depois insistente, que torna tudo um caos, como em Lisboa.

São Paulo não corresponde à imagem imediata que temos do Brasil. É um Brasil mais "europeu", digamos assim. Já me tinham dito que a cidade fazia o meu género. Faz, de facto, apesar do gigantismo urbano. O centro é uma cidade classe-média, e nas imediações da Paulista, onde fiquei alojado, as pessoas pareciam quase todas tranquilas mas atarefadas, educadas e descontraídas. Muitas, gostei de ver, compravam os jornais de São Paulo, e que jornais, quem nos dera, o *Estadão* e a *Folha*, jornais agradáveis, desenvoltos, bem escritos, cosmopolitas, cultos, abrangentes, divertidos, sucintos, acutilantes. Nem de propósito, no Museu da Língua Portuguesa dei com o primeiro jornal das Américas: a *Gazeta do Rio de Janeiro*, criada em 1808 pela corte portuguesa exilada.

A "barreira da língua" existe, ainda que seja a mesma língua. Em sete dias, anotei mais de cinquenta palavras de uso diário que são diferentes do português de Portugal. Trivialidades úteis como "sacola", "senha", "comprovante", "ingresso", ou o "então" deles, que é o nosso "pois". Além disso, há questões de feitio. Os paulistas não são exuberantes como os cariocas mas também não são suecos, fazem comentários inconvenientes, contam historietas privadas em público, acham os portugueses horrivelmente "conservadores", e eles, não sendo festivos como no Rio, são ainda assim desinibidos, embora não alegres. Encontrei em quase toda a gente uma tristeza qualquer, nem sequer muito escondida, visível à superfície, mas talvez seja uma herança portuguesa. Vou a um almoço oferecido pela Casa de Portugal, e está lá Zico, o grande futebolista dos mundiais 82 e 86, comovido a falar do pai português, José Antunes Coimbra, adepto do Sporting, e Zico veste para os fotógrafos a camiseta da Portuguesa dos Desportos, somos mais sentimentais do que os brasileiros, e Zico pareceu-me naquele momento um português, o senhor Arthur Antunes Coimbra, de aspecto nobre e melancólico, diz que em menino quis jogar no Sporting porque era o clube do pai e ele queria jogar no clube do pai. É um momento comovente, e eu até sou do Benfica.

O que nunca ouvi numa semana inteira foi a palavra "crise". No Brasil não há crise, nem económica nem de ânimo. O país evoluiu, ganhou prestígio, é uma potência emergente. O crescimento é endémico à nação brasileira. São Paulo começou como cidade do ouro um pouco remota, ainda existem umas quantas vivendas dos grandes industriais mineiros, e foi-se tornando a capital económica e cultural do Brasil. Três quartos das grandes multinacionais têm escritório na Paulista. E não conheço melhor livraria de língua portuguesa do que a Cultura, onde comecei a esboçar esta crónica, três andares com escadas em declive, muito espaço entre as estantes, cadeiras, pufes, um café, muita política, muita poesia, os incomparáveis cronistas brasileiros, compro tudo de Paulo Mendes Campos, e enquanto isso leio que Ariano Suassuna, um dos dramaturgos brasileiros mais representados, recusou aderir ao Acordo Ortográfico, e vai ser retirado dos programas e antologias por causa disso, uma tomada de posição que não é uma simples bravata, e que desmente a ideia de que "os brasileiros" defendem o Acordo, tolice. Também Ferreira Gullar ataca o Acordo num jornal, e eu compro o seu novo livro, *Em Alguma Parte Alguma*, que prodigiosa terceira idade.

Os paulistas, e os brasileiros em geral, são bem diferentes de nós, ou estão bem diferentes. Receptivos mas críticos, curiosos e mordazes, atentos e exigentes, dinâmicos mas lúcidos, generosos e irónicos. Talvez tenha sido a isto que chamámos um dia "o novo mundo".

A SANTA DA FAMÍLIA

Numa das suas novelas, Camilo Castelo Branco menciona S. Rosendo, "o santo do Porto", e acrescenta: "cidade que ainda não deu outro santo, nem promete". Faz hoje uma semana, aconteceu-me algo parecido. Entrou um santo na minha família, neste caso uma santa, ou, mais exactamente, uma beata: Libânia do Carmo Galvão Mexia de Moura Telles e Albuquerque, que viveu entre 1843 e 1899.

Animados com esta imerecida redenção do clã, lá nos encontrámos, um exército de Mexias, no Estádio do Restelo, e assistimos à cerimónia em que o Cardeal Patriarca de Lisboa e o Prefeito da Congregação para as Causas dos Santos proclamaram Libânia, aliás, Maria Clara do Menino Jesus, como "beata", um grau abaixo da canonização.

É verdade que a "santidade" é actualmente vista pela sociedade laica como uma excrescência medieval. E no entanto, a noção de "santidade" não se afasta muito da ideia de "vida boa" que sempre preocupou os filósofos, da "virtude" romana à "ética republicana". De certo modo, a "santidade" é uma variação desse ideal cívico.

Sociedade nenhuma, por mais cínica que se torne, dispensa o reconhecimento dos seus heróis. Para o catolicismo, esse heroísmo chama-se santidade, que é a "dedicação ao serviço de Deus". Um estudioso destas matérias, Donald Attwater, lembrou mesmo que nenhum humanista, ainda que ateu, pode dizer que a vida de um santo é imprestável, na medida em que os santos representam modelos humanos excepcionais. Nenhum humanista recusa a ideia de uma "vida boa", pois esse ideal faz parte da definição do humanismo.

Longe da visão unívoca das antigas hagiografias, a santidade no catolicismo tornou-se um conjunto de biografias muito diversas oferecidas como proposta de vida a crentes e pessoas de boa vontade. Há santos e beatos poderosos e mendigos, europeus e africanos, analfabetos e artistas, é impossível encontrar uma biografia-padrão. Attwater esclarece ainda: "Um santo não é imaculado: nem sempre pensa ou se comporta bem e sabiamente [...] A pessoa é canonizada porque a sua vida pessoal foi vivida [...] num nível heróico de fidelidade e integridade cristãs". O santo falhou, como toda a gente, mas sempre que evitou o fracasso conseguiu viver admiravelmente.

Durante séculos, a Igreja venerou sobretudo a memória dos mártires. Evoluiu depois para uma concepção da santidade como "testemunho da fé". O santo seria aquele que dava testemunho através de uma "virtude heróica". Outros chamariam a isso, mais uma vez, "virtude cívica". Porque, na verdade, muitas vidas de santos revelam não apenas uma fé religiosa forte mas também uma empenhada dedicação aos outros. E nenhum humanista negaria que isso é uma virtude. No caso de Madre Clara, essa dedicação realizou-se através da criação da Congregação das Irmãs Franciscanas Hospitaleiras da Imaculada Conceição, que se dedicava, ainda se dedica, ao auxílio a idosos, presos, crianças e desvalidos.

Órfã desde miúda, Libânia era especialmente sensível à fragilidade das crianças. Filha de aristocratas, via no dinheiro apenas a sua utilidade prática. Contemporânea de epidemias graves, fez da sua congregação um instrumento de acção social tão actuante que ganhou reconhecimento como "associação de beneficência". Isto apesar de as ordens religiosas estarem banidas pelo liberalismo, e de a congregação ter sido fundada, ardilosamente, em Calais, e depois importada. Libânia era uma mulher decidida. Bento XVI, no seu decreto de beatificação, elogia-lhe também a fé inquebrantável, a audaciosa fortaleza e a caridade verdadeira.

E a cura milagrosa que fez dela beata? Não pretendo fugir à questão. Julgo honestamente que a sujeição das beatificações e canonizações à prova do milagre enfraquece a ideia de santidade. Libânia aliviou o sofrimento do seu semelhante, e a sua obra continua viva nos países lusófonos e na Índia. É por isso um modelo cristão por excelência, um modelo completo e perfeito. O "milagre" (a cura de uma gangrena de uma septuagenária espanhola) torna a santidade vivida uma santidade "incompleta", dependente de algo mais.

Mas a "virtude heróica" que consiste, por exemplo, em dedicar a vida aos outros é prova bastante de santidade, é em si mesma um milagre. O milagre propriamente dito, mesmo para quem acredite em milagres, parece um acto espalhafatoso, que acentua a dimensão sobrenatural mas que perde de vista que um santo é alguém que vive no mundo, alguém que todos nós podemos ser, através de instrumentos humanos, comuns, naturais e explicáveis.

Polémica à parte, existe de facto uma nova beata católica. E eu tenho agora uma santa na família. Eu e os outros Mexias, juntamente com os Albuquerques, os Telles, etc. Na minha família, conheci algumas pessoas que levaram sem dúvida uma vida boa, sobretudo nas gerações mais velhas, pessoas sem malícia e sem maldade, santos talvez, embora na sombra e no silêncio. Mas sei que na minha família, e em qualquer família, os santos são uma excepção, uma raridade, um milagre. Quando todos aqueles Mexias se encontraram no Estádio do Restelo, homenageavam uma antepassada ilustre mas também celebravam uma possibilidade humana, a possibilidade de uma vida boa. Tal como a viveu Libânia, a santa dos Mexias, família que não deu outra, nem promete.

O DÉBITO CONJUGAL

Perante um tribunal de Nice, Monique, casada há duas décadas com Jean-Louis, pediu o divórcio com base em "ausência de relações sexuais durante vários anos". O caso chegou recentemente ao tribunal de recurso em Aix-en-Provence, que confirmou a dissolução do casamento e ainda condenou Jean-Louis ao pagamento de uma indemnização de dez mil euros. O pobre homem alegou problemas de saúde, cansaço, e até mesmo, supõe-se, tédio, mas o tribunal disse que nada se sobrepõe aos "deveres conjugais". Que "as relações sexuais entre esposos são a expressão do seu afecto mútuo". E que sem essa expressão há lugar a divórcio, e, pelos vistos, a um pagamento. Ou antes: a um débito.

Esta sentença fez-me ir buscar à estante um magnífico calhamaço que comprei há uns tempos: *O Núcleo Intangível da Comunhão Conjugal – Os Deveres Conjugais Sexuais* (Almedina, 2004). É uma dissertação de doutoramento de oitocentas e tal páginas, com muitas centenas de obras citadas e abundantes notas de rodapé. Foi defendida e aprovada perante um impressionante comité de sábios. Na introdução, o autor agradece à esposa o "espírito de renúncia" manifestado ao longo de cinco anos, e para que não se interprete mal essa renúncia, acrescenta que nesses cinco anos lhes nasceu uma filha. O doutor não está pois em incumprimento.

O que é que me interessou nesta tese de Jorge Alberto Caras Altas Duarte Pinheiro? O título, desde logo. A "comunhão conjugal" talvez não me despertasse o interesse; o seu "núcleo" já me intriga; e que esse núcleo seja "intangível", espécie de ponto G jurídico, fascina-me. Desenganem-se porém os que esperam poucas-vergonhas. É verdade que o texto está pejado de expressões como "eficácia horizontal", "o eixo da função", "o escopo da protecção", a "ligação orgânica" e até, pasme-se, o melindroso "processo de retroalimentação". Infelizmente, são apenas termos jurídicos. O livro de Caras Altas está mais interessado no "nexo causal" do que no sexo casual, e prefere o "ónus" ao ânus. No entanto, gostaria de deixar registado, com apreço, que este é o primeiro ensaio jurídico em que encontrei a palavra "gonorreia".

A tese de Caras Altas é que o casamento, apesar de todas as mudanças que foi sofrendo em matéria de igualdade e liberdade, "continua a impor aos cônjuges o dever de não terem sexo com terceiros e o dever de terem relações sexuais um com o outro". O casamento implica direitos, mas também deveres. Para a lei portuguesa, são deveres de respeito, fidelidade, coabitação, cooperação e assistência, mas há também quem refira deveres de sinceridade ou mesmo de tolerância face às opiniões do cônjuge (o que se torna difícil quando o cônjuge é do POUS). Mas o dever conjugal por excelência consiste na obrigação de manter relações sexuais com o cônjuge, o denominado *debitum conjugale*, "débito conjugal".

Mas que direito é esse? Kant, um incorrigível romântico, definiu o casamento como um acto de "posse vitalícia e recíproca das faculdades sexuais do cônjuge", mas fora de Conisberga a coisa fia mais fino. Não terá o casamento evoluído para um pacto de autonomia privada, em que o casal pode determinar como quiser a sua vida sexual? Não, segundo Caras Altas. O casamento, diz, é um contrato através qual os nubentes restringem voluntariamente a sua liberdade sexual positiva e reforçam a sua liberdade sexual negativa. O casamento é um *non facere* (a exclusão do adultério) e um *facere* (o cumprimento do débito). Isto, assegura o bom doutor, não é compatível com combinações estapafúrdias, como sexo todos os dias às quatro da tarde ou actos de sodomia (essa modernice).

Mas os cônjuges não podem combinar outros arranjos domésticos? Não é a sexualidade um domínio íntimo em que o Direito não devia entrar? Não exactamente, diz Caras Altas. O casamento não é apenas um espaço de liberdade do casal, mas um assunto que interessa a toda a comunidade, visto que é um "elemento fundamental da sociedade". Está por isso fora de questão que "a actividade sexual esteja imune ao influxo do Direito". Os cônjuges têm uma certa margem de manobra, mas não pode haver "recusa prolongada ou persistente" de comércio carnal.

É verdade que não se pode obrigar alguém a estar disponível sexualmente, mau-grado o curioso conceito de *ius in corpus*, "direito ao corpo". Não há como garantir coercivamente o débito, apesar de comoventes tentativas de aproximação aos direitos reais, à execução por dívidas ou ao incumprimento laboral. Há pois um conflito entre o dever conjugal e os direitos de personalidade, entre a "decisão individual, livre e espontânea" e a *potestas* sexual que o casamento confere. Uma coisa é certa: para Caras Altas, o núcleo da comunhão conjugal de vida (carinhosamente designado como "*Kernbereich der ehelichen Lebensgemeinschaft*") é o coito. Claro que tem de haver "convergências de desejos". Cada um dos membros de um casal pode, de acordo com a saúde, a idade e a condição física, limitar a actividade sexual conjugal, mas não acabar com ela. Um dever é também uma forma de sacrifício.

Um jurista, diz bem alto Caras Altas, não pode fugir a áreas de embaraço: "nada garante que o seu trabalho não suscite risos; todavia, eles poderão ser inteiramente descabidos". Mas na questão em apreço, caro professor, rir é de facto o núcleo intangível.

COMBRAY

Citadino impenitente, avesso à vida campestre, é contudo a uma casa de campo que me mantenho fiel. Uma casa na "província", como se dizia em outros tempos, fica à entrada de uma vila mas é como se estivesse isolada, fora do mundo. As gerações mais velhas conhecem os vizinhos, mas eu só lhes sei o nome, ou nem isso, não é uma comunidade, esta casa, mas um castelo, um castelo ao baixo e não num alto, um castelo aberto. Até há poucos anos tractores e carros de bois atravessavam o pátio, era a "servidão de passagem" que estudei na faculdade, a casa não é porém uma "quinta" ou uma "herdade", apenas um casarão antigo no campo, espaçoso, vetusto, de aspecto rústico e fidalgo, a minha Combray.

Uma casa é uma forma de identidade, uma permanência, uma ilusão de perpetuidade. Tanto que imaginamos que nada muda, embora saibamos que a mudança é inevitável; por exemplo, as divisões da casa criam a sua mitologia, a sala onde agora escrevo era a cozinha, existiu aqui uma cozinha durante tantas décadas, e para mim nunca deixará de ser a cozinha, embora no futuro ninguém se lembre disso. A mitologia renova-se, cada geração tem a sua. No lugar desta casa havia outra, houve um incêndio, há uns duzentos anos, não sei bem, reconstruíram-na, e portanto a casa imemorial de que avós e pais e tios se lembram era na verdade uma nova casa, tão nova como esta em que estamos agora, refeita por dentro depois da morte da avó e da divisão pelas filhas. E, no entanto, tantas modificações não alteram em nada a nossa imagem da casa, a imagem mental, é a mesma casa ainda que tenha mudado várias vezes, a sua identidade é igual à nossa, mudámos tanto, alguns de nós, quase não somos as mesmas pessoas, e contudo continuam a conhecer-nos e a reconhecer-nos, como nós à casa. Custou-me ver as obras que fzemos há uns anos. Embora fossem obras necessárias, acompanhadas de querelas desnecessárias, mudaram as coisas de sítio, uma escada é agora um quarto de dormir, um corredor é agora um armário, custou-me, custou-nos, desarrumaram a imagem da nossa infância, é isso uma casa, uma imagem da infância, um abrigo quase feminino.

Para nós que a tínhamos como segunda casa, era também um ritual colado ao calendário, a festas, férias, celebrações, baptizados, casamentos e funerais, todo o teatro da nossa alegria e fugacidade. Aqui havia longos verões, férias que pareciam ter dois anos, como em Júlio Verne; natais à lareira; e tardes pascais que passavam devagar debaixo da olaia, à sombra do chorão, perto do tanque grande e tosco. Imagens que me passais pela retina: os primos escondidos no jardim a atirarem camélias a quem passava; as tangerinas do quintal contra as janelas. Antes de conhecer quaisquer perigos, o poço era o grande perigo, avisavam que não nos aproximássemos, contavam histórias de gente que tinha caído lá dentro, histórias falsas, quase de certeza, para meter medo, ainda hoje nada me mete mais medo do que um poço, em pequeno andávamos à volta, espreitávamos uma ou outra vez o pavoroso abismo, com as suas paredes de pedra e musgo, o seu fundo escuro e líquido, caí algumas vezes ao poço, em adulto, um poço bem mais fundo, para o qual não me tinham avisado, e pensei sempre nesse poço da infância, o pior de todos os perigos, bem à nossa vista, e no entanto uma fonte de consolo e de sustento. Entenda quem puder.

Em noites que não fossem muito frias, sentávamo-nos, sentamo-nos, no alpendre, a ver a serra lá em cima, é estranho como um lisboeta tem essa imagem da serenidade, quase da eternidade, os caminhos íngremes da serra, arvoredo e luzes esparsas, alguma povoação, e cá em baixo um comboio ruidoso e visível, que agora também já não há. E os sons sobre os quais escrevi um dos meus primeiros poemas, a madrugada de galos, a manhã de pássaros, a noite de grilos. Não conheço figura mais exemplar da fidelidade e da infelicidade do que o cão preto envelhecido, com as orelhas sem ferida, uma espécie de tosse, uma espécie de brandura, um cão de que não havia mal algum a esperar, que talvez não nos defendesse de nada, mas que sairia em nossa defesa, de quantos humanos temos tal certeza? E a fantasmagoria das galinhas a andar em círculos sem cabeça, como eu na altura pensava que apenas as galinhas eram capazes.

E agora a casa é parcialmente minha, mas não me pertence, nunca me pertenceu, é ainda a casa dos avós, mesmo com os avós repousando num jazigo ao cimo da rua; e no entanto sempre foi e é a minha casa, tão segunda quanto primeira, a minha Combray. Fui feliz aqui, aqui havia descanso, pertença, os irmãos que não tive, era uma zona de excepção, onde o mundo não entrava. Também me lembro de sofrer nesta casa, mas era uma mágoa em surdina, um pressentimento, antecipava de algum modo a crueldade no mundo, mas este era um mundo diferente, tantas vezes passadista ou arcaico nas suas devoções, mas gentil e afável. Um miúdo que também se criou aqui ia encontrar mais tarde ou mais cedo em Lisboa aquilo em que nunca pensou, aquilo para que nunca foi preparado. Alguma coisa que não estava nas arcas mágicas de quinquilharia no sótão, no crescimento colectivo de iguais, na música das festas de Verão, na primeira pessoa do plural que nunca mais usei, na fornada de pão nocturno que íamos comprar e que em casa, ainda sem luz do dia, repartíamos.

QUARENTA

Quarenta anos. Um aniversário tranquilo, apesar de a data parecer ominosa. Acho que fiz bem em ter antecipado a efeméride. Aos 33, escrevi uma crónica confessional cheia de urze e de lama, onde carpia os desgostos da "idade de Cristo", um Cristo que ao terceiro dia não ressuscitasse. O meu editor de então fez-me um telefonema preocupado. Eu estava a desfazer-me em público, primeiro *growing up in public*, depois *cracking up*, e ele alertou-me para os inconvenientes daquilo, expressando, porém, uma inequívoca empatia. O mundo para mim não era "*wonderful*", como na canção do Armstrong, e ele concordava que de facto não é.

Aos 33 fui quase adulto, mas só aos 40 me tornei adulto. Tardou. Faço parte de uma geração tremendamente regressiva, obcecada com a infância e a adolescência, uma geração de nostalgias precoces, de revivalismos patéticos. Muita gente desta geração, especialmente os homens, sofre de um complexo de Peter Pan. Conheço homens de 40 que ainda se referem às mulheres da sua idade como "raparigas", como se fossem as "*jeunes filles en fleurs*" proustianas, e não as "*femmes de trente ans*" de Balzac (trinta e muitos, até). Não é cavalheirismo, é hábito, fantasia, melancolia. Há uns tempos, encontrei na rua uma paixoneta antiga, antiquíssima, e fiquei horrorizado, não porque ela tivesse "envelhecido mal", como se diz, mas porque, enfim, tinha 40 anos, ou quase, os mesmos, quase, que eu tenho. E uma paixão adolescente devia ficar *forever young*, elástica e estúpida.

Tive a minha crise de meia-idade logo depois dos 33 porque aos 33 ainda me confrontava com uma ideia típica da juventude: a ideia de que a vida apenas é digna quando vivida na "felicidade". Qualquer entrave a esse desfecho parecia-me uma catástrofe. Daí que os jovens se suicidem, ao passo que pouca gente se mata aos 40 anos. Aos 40, sei que a "felicidade" é uma hipótese estatisticamente improvável ou efémera ("an*d I should know because I've seen them, but not very often*"). E sei que é intolerável que alguém defina uma "vida digna", é uma forma de pensamento eugénico, daí a nada estamos a exterminar estropiados e paraplégicos.

Larkin, um dos meus autores favoritos, fez parte de uma geração de poetas que cultivavam a chamada "*poetry of diminished expectations*". Compreendo bem esse conceito. Aos 40 anos, vivo com "expectativas diminuídas", diminutas, em diminuição. Já sei que não sou melhor nem pior do que os outros, sei ao milímetro aquilo que valho, sei perfeitamente que não vou deixar vestígio, que desapareço quando morrer a última pessoa que me conheceu. E nada disto é trágico. Acontece a tanta gente que "nem vale a pena ter pena da gente a quem isso acontece". Na juventude, sem dúvida, acreditei que era "especial", nem sei bem em quê, que a minha geração era "diferente", que iríamos fazer grandes coisas. Agora tenho colegas e amigos obscuros e célebres, advogados, desempregados, romancistas, ministros, e somos tão especiais ou tão pouco como aqueles que vieram antes de nós e os que virão depois, "génios-para-si-mesmos sonhando", gente banal, como é toda a gente.

Despachei antes de tempo as questões dos quarenta, de modo que não tenho de me preocupar com elas na idade própria. Tornei-me rotundo e calvo preventivamente, e estou em paz com isso (não é como se tivesse sido um nadador olímpico). Evitei certos encargos e naufrágios, dívidas, divórcios, e raros são os quarentões meus amigos que escaparam a essas fatalidades. Claro que "errei todo o discurso de meus anos", e preferia ter acertado. Mas tentei e fracassei, o que também não está mal, e merece uma medalhinha pela comparência. Pelo menos evitei o destino daquele colega que de vez em quando encontro no cinema e me diz: "detesto a minha vida", "odeio o que faço", "estou farto do meu casamento". E eu ouço-o e despeço-me com aquela frase vazia típica de pessoas com 40: "Havemos de jantar um dia destes".

Já me tem acontecido investigar o que é feito das figuras públicas que eram jovens há três décadas. E não é bonito. Por exemplo, o vocalista dos Marillion, lembram-se?, um latagão enérgico, parece-se agora com o meu gestor de conta ou com o genro do Archie Bunker. O tempo passou por nós, estamos irreconhecíveis, e às vezes faz pena. Mas também se ganha um novo conforto. Eu passei a usar chapéu quando está chuva ou frio, coisa que nunca faria antes. É uma ninharia? É um pequeno Ipiranga. Talvez me sinta enfim de acordo com a minha idade. O envelhecimento assenta-me bem. Posso ser um marreta à vontade, ignorar os neologismos da moda, evocar o *Brideshead*, desarriscar-me das redes sociais, anotar ensaios em francês. Pessimista e misantropo, é verdade que vou ficando sozinho. Mas, aos 40 anos, não compreendo esse medo de ficar sozinho que me inquietava ainda aos 33. Ficamos sozinhos quando somos exigentes. Ficamos sozinhos quando não mentimos. Ficamos sozinhos quando defendemos as nossas convicções. É um preço que estou disposto a pagar. E há, digamos, dez pessoas de quem gosto, dez pessoas sobre quem não me enganei, e dez pessoas é um mundo.

E, entretanto, não faleci, o que também não estava garantido. Tenho ainda mais uns anos de esplendor inútil, não sei quantos, quem sabe se mais quatro ou quarenta. Está bem assim.

O MEU SÓSIA

Chamava-lhe sempre "o meu sósia", embora nem fôssemos assim tão parecidos. Mas era um homem da minha idade, envelhecido, branquíssimo, anafado, ofegante, mal-arranjado e tristonho. Falta-me de todo aquela voz profunda, mas em criança tive o cabelo quase assim loiro-branco. Philip Seymour Hoffman representava e eu sentia que me representava.

E então, num dia de cão, telefonam-me de uma rádio a dar a notícia e a pedir um comentário. Uma *overdose* de heroína, aos 46 anos. Nunca a morte de um actor me doeu tanto, no auge da carreira, com três filhos pequenos, encontrado com uma seringa no braço, depois de vinte anos desintoxicado. "Lá porque já passou esse tempo todo não quer dizer que fosse apenas uma fase. Sei que é assim, sei que sou assim", confessou há tempos. A última entrevista dele, em sofrimento, parecia tirada a ferros.

Premiadíssimo em teatro e cinema, prolífico, davam-lhe em geral papéis "secundários". Talvez, brincava ele, porque o descrevessem invariavelmente como "*chubby*", "*stocky*", "*dense*", "*thick*". Era um *character actor*, não por fazer personagens típicas, mas por retratar pessoas credíveis. À noite recebi uma mensagem que dizia: "Era um amigo, queria que tivesse sido um amigo".

Capote, pelo qual Hoffman ganhou o Óscar, vale pelo mimetismo; mas eu prefiro o pornógrafo *gay* angustiado de *Jogos de Prazer* [*Boogie Nights: Prazer Sem Limites*] que se insulta com uma veemência assustadora; o solitário tarado e desesperado de *Felicidade*; o enfermeiro dedicado, monologante e desamparado de *Magnólia*; o genial e desleixado crítico rock Lester Bangs de *Quase Famosos*; o professor desajeitado e apaixonado por uma aluna adolescente do elegíaco *A Última Hora* [*A Última Noite*]; o filho que não sabe o que fazer ao pai demente em *Os Savages* [*A Família Savage*]; o criminoso de último recurso que assalta a ourivesaria da família do magnífico *Antes Que o Diabo Saiba Que Morreste* [*Antes Que o Diabo Saiba Que Você Está Morto*]; o guru mais ou menos Cientologista de *O Mentor* [*O Mestre*]. E há ainda um grotesco dos Coen, um insuportável snob na Riviera, um argumentista em crise, um chantagista repugnante, um agente secreto seboso, um padre talvez pedófilo que se esconde na ambiguidade. Ou ainda, no único filme que o actor dirigiu, *Jack Goes Boating* [*Vejo Você no Próximo Verão*], um homem que acredita que se pode ser feliz e banal.

Hoffman desaparecia nos papéis, ou então mostrava-se: frágil, atormentado, frustrado, patético, quase dostoievskiano. Isso devia-se à sua coragem, à entrega que não era um "método" mas uma disponibilidade. Elogiando Paul Thomas Anderson, que lhe deu grandes papéis, Hoffman lembrou que o cineasta era "honesto" e "humilde acerca da natureza humana". Isso é que importava. Das personagens de Hoffman, dizia-se que demonstravam desprezo por si mesmas, mas ele explicou que o que lhe interessava na verdade era o medo, que nos une a todos.

Em *Jogos de Prazer* ele enfrentava esse medo desistindo da vida; em *Felicidade*, ensaiando um romantismo abjeccionista; em *Quase Famosos*, convencendo-se de que os grandes artistas são todos "feios"; em *Antes Que o Diabo*, escavacando uma casa depois de ser abandonado; em *Jack Goes Boating*, aprendendo a cozinhar porque nunca ninguém cozinhou para a namorada. E em *O Mentor* combatia o medo como charlatão carismático, sofisticado, insidioso, convincente, como actor consumado. Essa foi, aliás, a última obra-prima dele que vi, no dia em que fiz 40 anos, num cinema nova-iorquino situado a alguns quarteirões do bairro onde, soube agora, vivia o meu sósia, o meu amigo.

O TEMA

A dado momento, um desconhecido ou vagamente conhecido faz a sacramental pergunta: onde vai buscar as ideias? Querem saber. Esperam resposta. Mas como se responde? Buscar as ideias? Como assim, "buscar"? As "ideias"? Quais ideias? Que perguntas tão estranhas.

Quem escreve não precisa de procurar coisa alguma. As coisas que procura é que se aproximam. Mesmo quando a cabeça parece vazia. Mesmo quando não tem "tema". Uma pessoa acorda. Sai à rua. E surgem trinta crónicas, empurradas pelo vento, como jornais folheados contra as calças. Entra num café. É impossível não ouvir as conversas. As conversas existem para serem ouvidas. E aí está matéria para trezentos textos. Compra um jornal, lê as notícias mais pequenas. E saltam três mil historietas. É possível que a pessoa não tenha nada para "dizer", se entendermos isso como algo "original" ou "profundo" (ou outra falácia dessas). Mas há sempre "tema". Um homem feliz porque descobriu que não tem uma doença e depois é informado de que tem outra pior. Uma velhota de canadianas. A cor salmão. Os fluxos migratórios. O medo do casamento. Uma mãe que espera que a filha tenha mais sorte. Um guarda-chuva caído no chão. A cobiça. Uma criança que apanhou um susto e esse susto nunca mais lhe sai da cabeça. Uma abóbora no meio da neve.

A nossa cabeça é um imenso sótão que guarda toda esta excelente tralha. E se saímos à rua, se vamos ao café, se compramos o jornal, o sótão aumenta, cada vez mais incomportável mas sempre com capacidade para mais, cada vez mais obscuro e mais fabuloso e mais incompreensível. Há sempre "tema" porque o mundo nunca se esgota, nunca se percebe completamente, nunca se tem na mão. O mundo é um caleidoscópio, eternamente fazendo formas e contrastes e alucinações. Ainda que vivêssemos cem anos, nunca estava tudo visto, nunca o mundo se esgotava. O solstício. A gravidez. Um veado morto numa estrada. O soalho que range. A beringela. Um equívoco entre amigos. A loja de ferragens.

Mas as histórias não são sempre as mesmas? Os "temas" não são cinco ou seis? Sexo, morte, memória, vingança? Tudo se repete, tudo reincide, se fotocopia. Os filhos cometem os mesmos erros do que os pais. Os pais cometem os mesmos erros dos filhos. As leis da física estão em acção. Dois mais dois são quatro. Uma fotografia não mente. Mas experimentem, por exemplo, desenhar rapidamente um oito. E depois experimentem desenhar rapidamente outro oito por cima desse, como que a carregar a caligrafia. O oito de cima não é igual ao de baixo. É quase igual, mas com uma diferença de volume, de traço. Um oito é igual a outro oito, mas não assim colado, imitado logo logo. O mundo, isto é, o oito, nunca se repete exactamente do mesmo modo.

Nesse sentido, a crónica é o mais livre dos géneros. A crónica é um texto sobre tudo. Sobre qualquer coisa.

QUERIA MAIS É QUE CHOVESSE

FOI COMPOSTO EM CARACTERES HOEFLER TEXT
E IMPRESSO PELA BURTI, SOBRE PAPEL
PÓLEN SOFT DE 80 G/M²,
EM JUNHO DE 2015.